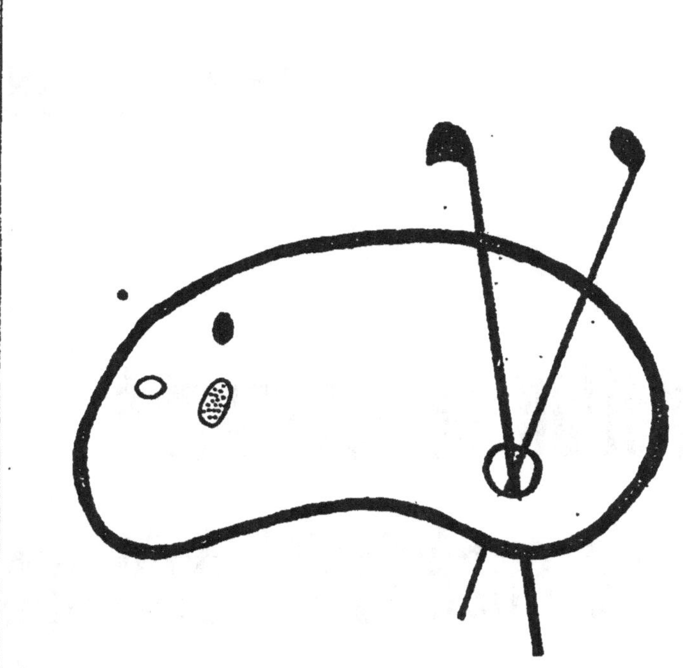

DEBUT D'UNE SERIE DE DOCUMENTS
EN COULEUR

QUESTIONS DE SOCIOLOGIE

Gabriel MELIN'

La Notion de prospérité et de supériorité sociales

BLOUD & Cie

S. et R. 687

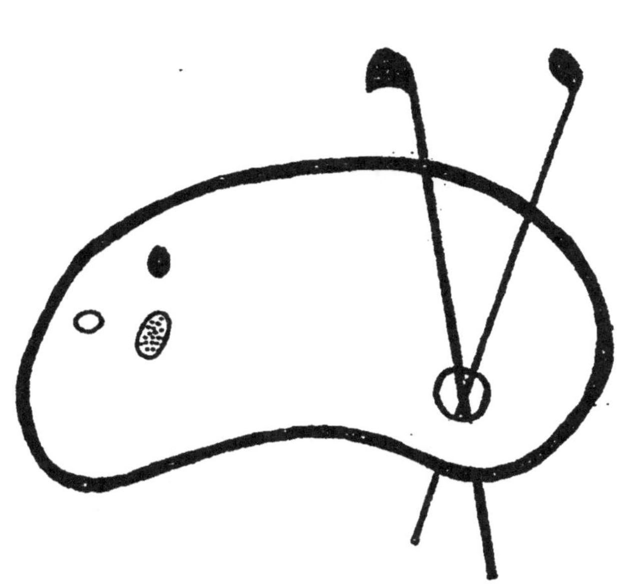

**FIN D'UNE SERIE DE DOCUMENTS
EN COULEUR**

La Notion de Prospérité
et de Supériorité sociales

DU MÊME AUTEUR

Essai sur la Clientèle romaine. — Un vol. in-8°, br. Paris, 1889, LAROSE et TENIN................ 3 fr. 50

De la Protection de l'Enfance contre les abus de la Puissance paternelle. — Un vol. in-8°, br. Paris, 1889, LAROSE et TENIN......................... 3 fr. 50

La Science sociale et sa constitution indépendante. Broch. in-8°, Paris, 1901, BERGER-LEVRAULT et Cⁱᵉ. Prix... 1 franc.

Henri de Tourville et son œuvre sociale. — Un vol. in-8°, br., avec un portrait. Paris, 1906, BERGER-LEVRAULT et Cⁱᵉ. (Epuisé.)..................... 2 fr. 50

L'Organisation de la Vie privée (*Orientation particulariste*). — Un vol. in-12, br. Paris, 1910, BLOUD. Prix... 2 fr. 50

Les Lectures de nos Enfants (*Répertoire bibliographique*). — Broch. in-8°. Paris, 1911, VUIBERT. 1 franc.

En préparation :

La Famille (*Etude de Science et de pratique sociales*).

Gabriel MELIN

Chargé de Cours de Science Sociale
à l'Université de Nancy.

LA NOTION DE PROSPÉRITÉ ET DE SUPÉRIORITÉ SOCIALES

2me *Édition*

PARIS

LIBRAIRIE BLOUD ET GAY

7, PLACE SAINT-SULPICE, 7

1 ET 3, RUE FÉROU — 6, RUE DU CANIVET

1914

Reproduction et traduction interdites.

La Notion de Prospérité et de Supériorité sociales

La science sociale (1) a pour objet l'étude méthodique des sociétés, ou plus exactement des groupements humains ; elle les observe, elle les décrit, elle les compare et elle les classe ; elle fait davantage encore : au sein de ces groupements, elle note des relations de cause à effet entre les phénomènes sociaux qui s'y manifestent, elle constate des répercussions et elle établit des lois.

Mais il est légitime de se demander si la science sociale ne peut pas aller plus loin (2). Elle fait connaître l'organisation, le fonctionnement des groupements sociaux ; mais n'est-elle pas en mesure d'exposer aussi les conditions de leur *bonne* organisation, de leur fonctionnement *régulier, normal, sain, prospère* et,

(1) Fondée par Frédéric Le Play (1806-1882), pourvue d'une méthode rigoureuse par Henri de Tourville (1842-1903), cette science a pour organe, depuis 1886, une revue spéciale : *La Science sociale,* publiée à Paris (Firmin-Didot). Voir nos brochures : « La Science sociale et sa constitution indépendante », « Henri de Tourville et son œuvre sociale » (Paris, BERGER-LEVRAULT).

(2) Qu'il nous soit permis de remercier ici M. B. SCHWALM, philosophe et théologien bien connu, l'un des plus anciens collaborateurs de la *Science sociale,* l'auteur, dans cette Revue, d'études très appréciées, qui a bien voulu, après lecture de ce travail en manuscrit, nous communiquer de précieuses réflexions et nous autoriser à les reproduire. (Note de la 1ʳᵉ édition). — M. B. Schwalm est décédé le 7 novembre 1908. Depuis, on a publié de lui des *Leçons de philosophie Sociale* qui ont été très remarquées (Paris, BLOUD, 2 vol.)

par suite, de déterminer les lois de la *santé*, de la *prospérité* sociale ?

La question présente un grand intérêt : car si notre science se borne à des descriptions et à la constatation de lois, elle ne formule naturellement aucun jugement ; elle n'approuve ni ne blâme et par suite ne fournit aucune conclusion pour la pratique de la vie. Elle indique seulement *ce qui est*, comment les choses vont et se comportent, dans quelles relations les phénomènes se trouvent les uns vis-à-vis des autres ; elle livre des connaissances dont on fera un usage à déterminer d'après d'autres critères.

Si au contraire elle parvient à établir les règles du normal et du prospère, elle juge et elle conclut pratiquement. Elle déclare *préférable* ce qui est établi conformément à ces règles ; elle porte donc des jugements de valeurs, et elle suggère une ligne de conduite pratique à tous ceux du moins qui estiment que la santé l'emporte sur la maladie, le bien-être sur le malaise et la souffrance.

Or, d'excellents esprits pensent que la science sociale, justement parce qu'elle est une science d'observation, une science du réel, peut et même doit avoir l'ambition d'aboutir à des conclusions pratiques qui seront, par cela même, d'une précision toute scientifique :

La science sociale, dit M. Rabier, « est essentiellement une science *pratique*. Elle vise à formuler un ensemble de préceptes ou de règles susceptibles d'améliorer la condition des hommes vivant en société. Elle doit être au corps social ce que la *médecine* et l'*hy-*

giène sont au corps humain, une conseillère et une directrice, apte à conserver, à fortifier, à guérir (1) ». Autrement « sans but, sans préoccupation d'avenir, elle n'est que la stérile consécration des faits accomplis et l'inerte expectation des faits à venir (2) ».

De même, pour M. Durkheim, la science sociale serait incomplète si elle était incapable de donner des directions pour la conduite, si, suivant une parole souvent citée, elle pouvait bien éclairer le monde, mais en laissant la nuit dans les cœurs. « La science se trouverait ainsi destituée ou à peu près de toute efficacité pratique et, par conséquent, sans grande raison d'être ; car à quoi bon travailler pour connaître le réel, si la connaissance que nous en acquérons ne pouvait nous servir dans la vie (3) ? »

Mais, dira-t-on, pour arriver à déterminer ce qui doit être, le désirable, le bien social, il faut faire intervenir des considérations étrangères à la science, des notions d'ordre philosophique, métaphysique.

C'est une opinion assez répandue et que partage M. Rabier lui-même. « Posez, dit-il, comme fin suprême de la société, la liberté et la justice, c'est-à-dire l'exercice et l'accord des droits de tous et de chacun :

(1) *Leçons de philosophie.* Logique, p. 329.
(2) *Ibid.*, p. 331.
(3) *Les Règles de la méthode sociologique*, chap. III, p. 60. — De son côté, Schœffle écrit : « La science sociale cherche non seulement ce qui est, mais ce qui doit être... Ce serait un esprit bien pauvre et bien timide qu'un serviteur de la Science sociale qui n'emploierait pas la science à la conduite des événements, qui ne pourrait pas ou qui n'oserait pas, de la connaissance du présent ou du passé, rien induire scientifiquement qui pût aider la direction du progrès... La science sociale s'achève en devenant la conseillère du progrès. » *Bau und Leben des socialen Körper*, t. IV, append. (cité par RABIER, *op. cit.*, p. 329-330).

les règles directrices concernant l'organisation de la propriété, du travail, du commerce, etc., en découleront naturellement. Posez une autre fin, par exemple le règne de la vertu et du bien, tout un système politique radicalement distinct du précédent en découlera avec la même nécessité. » Et M. Rabier conclut : « La solution idéale de ces problèmes se tire toujours de l'idéal (1). »

Ainsi, d'après M. Rabier, il y aurait lieu de déterminer *a priori* le but social, les fins sociales, et les conséquences varieraient du tout au tout suivant qu'on assignerait pour fin à la société la liberté, le bien-être ou la vertu.

Cette manière de voir ne nous paraît pas exacte. Nous sommes persuadés en effet que c'est notre science elle-même qui nous fait connaître les fins que nous devons chercher à réaliser, que la détermination de ces fins n'est ni arbitraire, ni *a priori,* parce qu'elle nous est indiquée, précisément, par l'*observation des faits* qui est à la base même de la science sociale.

Et ici nous nous trouvons pleinement d'accord avec M. Fonsegrive qui écrit très justement :

« Si la sociologie est une science véritable, elle doit, avant toute chose, faire connaître les lois du *bon état* de l'organisme social ; et, dès lors, devant ces constatations expérimentales, toutes les théories de politique philosophique et prétendue idéale ne peuvent tenir. Si la sociologie est une science véritable, elle détermine

____

(1) *Logique,* p. 333.

les *fins sociales* avec la même précision et la même certitude que la physiologie détermine les fins organiques. Il n'y a donc pas lieu de procéder à une démonstration *a priori* de ces mêmes fins.

« Ainsi, conclut M. Fonsegrive, la sociologie détermine à la fois les *fins sociales* et les *fonctions* par lesquelles elles sont atteintes ; elle enseigne à la fois les fins immédiates et les moyens généraux. [Il n'y a plus qu'à faire entrer dans la pratique, par voie d'application déductive, les lois sociologiques (1). »

On ne saurait mieux dire et cela nous amène directement au cœur du sujet que nous nous proposons d'examiner, la question de la *prospérité sociale*, car cette question se lie étroitement à celle des fins et des fonctions sociales, ainsi que nous le verrons un peu plus loin.

I

« Si la science sociale est une science véritable, dit M. Fonsegrive, elle doit, avant toute chose, faire connaître les lois du *bon état* de l'organisme social... » *Bon état* et *prospérité*, c'est tout un.

Or précisément Le Play et H. de Tourville, les fondateurs de la science sociale, ont toujours été de cet avis. Ce qui fait que le terme de *prospérité* se retrouve très souvent sous leur plume.

Il s'y trouve notamment dans deux circonstances importantes :

(1) *Éléments de philosophie*, Logique, p. 130.

1° Lorsqu'il s'agit de faire application de la méthode d'observation, on nous dit, et à très juste titre, que l'observation doit toujours porter sur un type *prospère*, par exemple sur la famille ouvrière *prospère*. Et voici comment on raisonne : de même que le physiologiste, s'il veut observer un organe, l'œil par exemple, pour en déterminer la constitution et le fonctionnement, choisira pour sujet d'observation un œil *sain,* normalement constitué, de même le sociologue, s'il veut observer un groupement humain, doit prendre pour sujet un type sain, normal, prospère, le seul qui soit en mesure de lui livrer le secret des lois de sa nature.

2° D'autre part, le mot *prospérité* se retrouve à tout moment dans les œuvres de Le Play et de ses continuateurs, lorsqu'il s'agit, ce qui arrive souvent, de passer de la constatation impassible des faits à la pratique, à l'action, d'indiquer une direction, une orientation, une ligne de conduite. Alors, tout naturellement, et à très juste titre encore, on pousse à l'imitation des sociétés *prospères,* et surtout des sociétés qui apparaissent comme plus prospères que les autres, celles qui ont la *supériorité sociale*. Qu'on se rappelle seulement le livre de M. Demolins sur « la Supériorité des Anglo-Saxons » (1).

Il importe donc de savoir ce qu'est au juste la *prospérité sociale.*

Pour un grand nombre de personnes, le sens de cette

____

(1) E. DEMOLINS, *A quoi tient la Supériorité des Anglo-Saxons.* 1 vol. in-12. Paris. Firmin-Didot.

expression ne présente aucune difficulté ; il se comprend de lui-même. En médecine, va-t-on s'aviser d'expliquer ce que c'est que la *santé* ; c'est bien inutile, tout le monde est d'accord : il n'y a et ne peut y avoir de divergence d'opinions sur ce point. De même, dit-on, en science sociale, quand on parle de *prospérité*, personne ne s'y trompe : tout le monde entend par là un ensemble de circonstances considéré généralement comme favorable à la vie et au développement des sociétés, par exemple : une grande activité économique, une forte culture intellectuelle, un haut niveau moral, une natalité abondante, une puissance d'expansion intense, etc.

Cela peut être fort exact (1)... Il n'en est pas moins vrai, et la réflexion confirme ce sentiment, que l'idée de prospérité, de santé sociale est une idée confuse, peu claire par elle-même, bien autrement confuse et discutable que l'idée de santé physique ou physiologique. Sur cette dernière, en effet, aucune discussion sérieuse ne s'est élevée, et, chose à noter, tout le monde la recherche avec une égale ardeur, un égal empressement, tandis que la santé sociale, au contraire, est fort discutée ; elle l'a été surtout dans ces temps derniers ;

____

(1) « ... *en gros*, pour ceux qui n'approfondissent pas scientifiquement la notion de prospérité ; et, comme celle-ci n'intervient pas seulement dans les applications pratiques de la science à la vie, mais encore dans *la pratique de l'observation la plus strictement spéculative,* on est en droit de regarder les esprits qui se refusent à définir plus rigoureusement la notion de prospérité comme posant arbitrairement des bornes mal placées à la recherche scientifique. La notion de prospérité est strictement nécessaire aux choix de types et de sujets observables par où commence toute étude sociale conduite avec méthode. » Note de M. B. Schwalm.

on a peine à se mettre d'accord sur un critérium qui permette de la reconnaître avec certitude, et l'on fait observer qu'une des principales difficultés à la discerner vient de ce que la généralité des hommes se montre assez indifférente à son égard (1).

II

En présence de ces difficultés, il semble tout indiqué de consulter les maîtres de la science sociale et de leur demander ce qu'ils entendent exactement par ces mots *santé, prospérité sociale* dont ils font un si fréquent usage.

Interrogeons d'abord Le Play.

Le Play a été amené à faire connaître sa pensée sur ce point à trois reprises différentes :

1° Dans la *Méthode d'observation* qui constitue le premier volume des *Ouvriers européens*, Le Play consacre tout un paragraphe (2) à la définition de la *prospérité* et voici ce qu'il écrit : « Je crois utile de définir les termes que j'emploie... J'applique en général les mots *bonheur* ou *bien-être, malheur* ou *malaise* à la condition des familles. J'emploie plus spécialement les mots *prospérité* et *souffrance* pour exprimer le contraste des

(1) Voir notamment : DURCKHEIM, *Les Règles de la méthode sociologique*, chap. III (p. 59-93) ; A. BAYET, « Sur la distinction du normal et du pathologique en sociologie » (article de la *Revue philosophique*, janvier 1907, reproduit dans l'*Idée de Bien*, p. 39-60) ; A. FOUILLÉE, *Morale des idées-forces*, pp. 137 et suiv. ; P. MÉLINE, *De la science à l'action*, pp. 22 et suiv. ; cf. LALANDE, « Sur une fausse exigence de la Raison dans la méthode des sciences morales » (*Revue de métaphysique et de morale*, janvier 1907).
(2) Livre I, chap. III, paragraphe 2.

mêmes phénomènes sociaux dans les voisinages et les nations. En ce qui touche la PROSPÉRITÉ, j'adopte la définition suivante qui me paraît conforme aux indications de l'histoire et aux sentiments des contemporains satisfaits de leur sort. J'appelle PROSPÈRES les sociétés où la paix règne sans un recours habituel à la force armée ; où la stabilité des foyers domestiques, des ateliers de travail et des voisinages est assurée par la libre entente des pères de famille ; où enfin la conservation de l'ordre traditionnel, fondé sur la loi morale, est le vœu commun des populations. »

2° Ailleurs, dans l'*Organisation du travail*, Le Play revient sur ce sujet ; et voici ses paroles : « La PROSPÉRITÉ... se reconnaît partout à des caractères identiques. Les croyances religieuses sont gravées dans tous les cœurs. L'harmonie et le bien-être se révèlent dans les rapports mutuels des classes par la paix publique, dans la famille par la fécondité. Une jeunesse nombreuse, dressée à l'obéissance et au travail, suffit amplement à l'extension des ateliers, au recrutement des armées et à la multiplication de la race dans de florissantes colonies...

« La décadence d'une nation... se manifeste chez les individus par la perte des croyances, dans la famille par la stérilité, dans l'État par la guerre civile. La population stationnaire ou décroissante, portée aux révolutions et à l'antagonisme, ne suffit plus ni aux besoins des ateliers, ni à la défense du sol. Se maintenant avec peine dans ses anciennes limites, la race ne prend aucune part aux nouveaux établissements que les peuples prospères fondent toujours en dehors de leurs métropoles (1). »

3° Enfin, dans l'*Index des mots* qui se trouve en tête du premier volume de la *Réforme sociale* (2), Le Play donne de la prospérité la définition suivante : « État d'une société, qui, en pratiquant la loi de Dieu, conserve l'harmonie, le bien-être et la sécurité. » Il indique que ses symptômes sont « la paix sociale, les croyances religieuses, la frugalité, la simplicité des idées », et qu'elle est exposée à trois écueils : la richesse, la culture intellectuelle et la puissance (3) ».

Quel que soit le respect que doive inspirer le nom de Le Play, il faut reconnaître que les explications que nous venons de transcrire manquent vraiment de netteté et de précision.

Nous remarquerons d'abord que Le Play semble réserver le mot *prospérité* aux nations, aux peuples, adoptant plutôt le mot *bonheur* pour les familles (4). On se demande pourquoi le même mot ne serait pas employé pour désigner l'état normal et sain de tous les groupements sociaux sans distinction, d'autant plus que le *bonheur* est un état de satisfaction intime résultant de la prospérité conservée ou acquise, en

---

(1) Paragraphe 7, p. 42-43.
(2) Reproduit dans le premier volume de la *Constitution de l'Angleterre.*
(3) Voir encore la *Réforme sociale*, 8, VIII et IX (7ª édition, tome I, p. 92-95); et la liste des *Trois cents mots constitutifs du langage propre à la Science sociale* (Méthode d'observation, pp. 444 et suiv.) vⁱⁱ Bien-être, Bonheur, Harmonie sociale, Nations prospères, Paix sociale, Stabilité, Prospérité.
(4) Vˢ *Bonheur*, dans les *Trois cents mots...* (Méthode d'observation, p. 447). Le Play dit aussi : les *familles modèles*, mais rarement *familles prospères*, la *prospérité de la maison.*

tous cas ressentie ; il est une conséquence de la prospérité, et par conséquent ne saurait être confondu avec elle.

D'autre part la définition de la *prospérité* que donne Le Play est on ne peut plus flottante, indécise. On ne nous dit pas ce qu'est la prospérité dans son essence ; on se contente de noter ce qu'on en croit être les signes extérieurs : la paix, la sécurité, le bien-être, la simplicité dans les idées et les mœurs, la conversation et la pratique de la loi morale, des croyances religieuses et des traditions nationales, une forte natalité, une grande puissance d'expansion...

On sent confusément qu'il doit y avoir là beaucoup de vrai ; mais on n'a pas une connaissance précise de la chose et surtout, parmi les signes indiqués, quelques-uns peuvent paraître suspects et sembler répondre à une conception *a priori* de l'auteur, à quelque défiance à l'égard du présent et à quelque secrète préférence pour le passé (1).

III

Après Le Play, il nous faut interroger ses disciples, et le premier d'entre eux, H. de Tourville. Disons tout de suite que ses explications sont déjà beaucoup plus satisfaisantes. Elles se trouvent dans le second

(1) « Tout système nouveau d'organisation qui compromettrait la sécurité de la famille ou qui tendrait à affaiblir ces vertus acquises, sera considéré comme défectueux, alors même que, sous d'autres rapports, il se montrerait conforme aux tendances générales de la civilisation. » *Introduction* à la première édition des *Ouvriers européens* (1 vol. in-folio. 1855), paragraphe 2 *in fine*, p. 11. 1re col. h'.

de ses articles intitulés : *La science sociale est-elle une science ?* (1).

L'auteur y explique que pour connaître une société, on doit y observer d'abord des familles ouvrières, et il ajoute : des familles ouvrières *prospères*. Il se demande alors : pourquoi *prospères ?*

« En tout ordre de science, répond-il, il ne suffit pas d'observer un élément simple : il faut encore que cet élément soit *bien constitué,* qu'il n'offre pas une difformité, une anomalie, un être tronqué.

« Et, pour ne parler que des sciences naturelles, on ne peut évidemment en établir les lois que sur l'observation d'êtres manifestant de la *vitalité* et de la *santé,* c'est-à-dire un fonctionnement caractérisé par le *bien-être* et *l'harmonie, bien-être à l'intérieur, harmonie avec les objets du dehors.*

« C'est dans ces conditions seulement qu'on constate vraiment ce qui convient à l'existence d'un sujet, ce qui *répond à sa nature,* ce qu'on peut formuler comme *sa loi.* Est-ce en décrivant des manchots, des boiteux, des bossus, des aveugles, qu'on décrira les lois de la structure de l'homme ? Est-ce en étudiant le fonctionnement d'estomacs ou de poumons alimentés par une mauvaise nourriture ou un air malsain qu'on reconnaîtra les lois de la digestion ou de la respiration ? Non ; il faut que le sujet de l'observation soit un sujet *régulier, normal et placé dans des conditions normales,* parce que celui-là seul présente l'exemple de ce qui est *la règle, la loi.*

(1) *Science sociale,* t. I, pp. 101 et 102.

« Mais comment se détermine, se manifeste, s'atteste de lui-même cet état régulier et normal ? Je l'ai dit tout à l'heure, par le *bien-être* et l'*harmonie*. Bien-être, contentement, satisfaction, mots synonymes, tous très philosophiques, indiquant bien en effet que l'être *possède alors ce qui convient à sa nature*. Harmonie, terme non moins explicatif qui fait résulter la facilité des relations de ce que la satisfaction de chacun concorde avec celle de tous les autres : chacun est à sa place.

« Ce qui est vrai dans toutes les sciences se vérifie dans la science sociale. L'analyse sociale ne se développe pas à partir de l'étude de n'importe quel ouvrier, mais seulement à partir de l'étude de l'ouvrier *prospère*, c'est-à-dire de celui chez qui se manifeste un état de *bien-être* et qui vit en *harmonie* avec ceux auxquels il a affaire. Celui-là seul décèle les conditions premières du bon ordre et met l'observateur sur la voie du système vital des sociétés. »

Cette page est intéressante, et, pour qui sait la précision habituelle des termes dont usait H. de Tourville, elle mérite d'être examinée de près.

Remarquons d'abord que les deux signes auxquels H. de Tourville reconnaît la prospérité, à savoir, le *bien-être* et l'*harmonie*, sont empruntés à Le Play et choisis à juste titre comme les plus expressifs, les plus significatifs parmi ceux, très nombreux, trop nombreux, qu'énumérait l'auteur de la *Méthode d'observation*. En effet, il est certain que généralement et au premier aspect, un groupement *prospère* se reconnaît à ce fait qu'il offre aux yeux de l'observateur toutes les apparences du *bien-être,* de la satisfaction, du contentement, et, en même temps, d'une parfaite *harmonie* avec les groupes qui l'environnent et avec lesquels il est en relations régulières et habituelles.

Et cependant les objections se pressent en grand nombre :

1° Qui sait d'abord si ce *bien-être* apparent ne fait pas illusion, s'il n'est pas acquis par des procédés blâmables, des pratiques répréhensibles, comme par exemple : une réduction excessive et voulue du nombre des enfants, des mariages d'argent inspirés par l'intérêt seul, un égoïsme familial renforcé, etc. Qui sait encore si cette *harmonie* apparente avec les groupes voisins n'est pas le résultat de concessions, de capitulations, signes de faiblesse, ou au contraire d'un sentiment de crainte inspiré à l'entourage par la force ou l'influence. Telle autre famille, chargée d'enfants, astreinte à un travail acharné, troublée par quelques difficultés passagères avec ses voisins, pourra paraître moins prospère, alors qu'en réalité elle le sera beaucoup plus.

2° La difficulté vient de ce que le *bien-être* est un état général assez mal défini, qui ne se constate pas purement et simplement comme un fait matériel quelconque, mais où entrent des éléments d'appréciation très divers que tout le monde n'envisage pas, tant s'en faut, de la même manière. Il s'agit ici de l'observateur. Pour l'un, rien ne sera beau comme une famille nombreuse ; pour l'autre, ce sera une calamité ; et tous deux cependant se placeront au point de vue du *bien-être* assuré, dira le premier, par une descendance abondante, favorisé, affirmera le second, par un très petit nombre d'enfants. — Pour l'un encore, un travail persévérant et intense est un élément du bonheur, de la satisfaction ; pour l'autre, il n'y a de bonheur concevable qu'avec un travail modéré, coupé de repos et de loisirs. — Et ce qui est vrai du *bien-être* ne l'est pas moins de l'*harmonie,* qui pourra être appréciée différemment suivant la nature et les dispositions de l'observateur.

3° Une autre difficulté vient de ce que les individus observés estiment eux-mêmes très diversement leur condition, et se jugent souvent à tort et à travers dans le *bien-être* ou dans le *malaise.* Cela dépendra souvent de leurs convictions morales et religieuses, suivant qu'ils estimeront que l'homme est sur cette terre pour travailler ou pour jouir ; cela dépendra peut-être tout simplement de leur tempérament, de leur humeur, de leur force de résistance physique : suivant que le travail quotidien qu'ils doivent fournir est ou n'est pas en rapport avec l'énergie dont ils disposent. Or Le Play faisait grand cas de l'opinion qu'avaient d'eux-mêmes les individus ou les familles qu'il observait ; il s'adressait volontiers aux individus « satisfaits de leur sort » ; il s'en remettait à l'opinion des « familles modèles » et surtout à celle des « autorités sociales » (1). Peut-on dire que ce soit là un critérium sûr ? Assurément non : le jugement porté par les individus eux-mêmes sur leur propre condition est de nature à induire l'observateur en de cruelles méprises.

Nous n'ignorons pas que, dans la pensée de Le Play

et de H. de Tourville, ces premières apparences de bien-être et d'harmonie devaient être sérieusement contrôlées dans la suite par l'observateur. Mais c'est ici, à notre avis, qu'on touche à la réelle difficulté du sujet et qu'on s'engage pour ainsi dire dans une impasse.

Comment, en effet, pourrait se faire ce contrôle ? Il faudrait pour cela qu'on sût exactement *ce qu'est la prospérité et en quoi elle consiste essentiellement,* afin de reconnaître avec certitude *si elle existe véritablement là où on la supposait.*

Or, voici la difficulté. D'une part, H. de Tourville nous dit qu'un groupement quelconque ne peut être appelé *prospère* que s'il se comporte conformément aux *lois de sa nature.* Et, d'autre part, dit également H. de Tourville, on ne peut déterminer les *lois de sa nature* que par l'observation d'un type *prospère.* Comment sortir de là ? Insistons sur cette difficulté. D'un côté on nous dit : « la *prospérité* d'un groupement, c'est la vie de ce groupement conforme aux lois de sa nature propre »; nous le voulons bien et nous cherchons alors quelle est la nature propre du groupement dont il s'agit. Mais alors on intervient d'un autre côté pour nous dire : « Vous ne pouvez déterminer la nature propre d'un groupement qu'en l'observant dans son type prospère. » C'est donc supposer connu ce que précisément nous cherchons. Nous cherchons à déterminer ce qu'est la *prospérité* et finalement on nous

(1) Voir notamment la *Méthode d'observation,* pp. 70, 141, 216, 387.

dit : *si vous voulez savoir ce qu'est la prospérité, examinez des types prospères.* » Mais, pour examiner des types prospères, il est manifeste qu'il faut être en mesure de les reconnaître et, pour cela, savoir *auparavant* ce qu'est la *prospérité*. On n'en peut pas sortir. C'est un cercle vicieux.

En réalité H. de Tourville ne s'est pas proposé, dans le long passage que nous avons cité plus haut, de déterminer la nature exacte et essentielle de la prospérité sociale. Il n'a pas cherché ici à résoudre, en savant, une question délicate et discutée ; il s'est exclusivement placé au point de vue de l'observateur, du missionnaire social, arrivant dans un pays dont il doit faire la monographie et se mettant en quête d'un type de famille modèle à observer (1). Or il est bien certain que, dans cette recherche empirique du type prospère où l'investigation se fait à tâtons et par à peu près, rien ne sera plus commode à l'observateur que le critérium très simple donné par H. de Tourville. Une famille respirant le *bien-être,* satisfaite de son sort, vivant en *harmonie* avec ses voisins sera vraisemblablement une famille prospère. On peut l'étudier, la monographier ; on peut se fier, au moins pour commencer, à cette première

(1) « Une notion vraisemblable, approximative, provisoire, de la prospérité, dans tel milieu donné, peut très bien suffire à l'observateur qui commence une observation ; et, de fait, toutes les monographies de Le Play reposent sur une notion de ce genre dont on a montré plus haut la complexité, la confusion et l'empirisme brut. Il reste donc à préciser cette notion, pour mieux armer les observateurs de l'avenir. L'observation qu'elle réclame ne tranchera le débat qu'en la ramenant à quelques traits simples et nets. La notion vague et confuse appartient aux débuts de la méthode et doit rigoureusement s'éliminer, dès qu'on possède assez de faits et d'expériences pour le faire. » Note de M. B. Schwalm.

indication de surface; mais cette indication ne peut être que provisoire, et, pour la contrôler, il faut quelque chose d'autre qui est justement une notion exacte et précise de la prospérité A plus forte raison cette notion s'imposera-t-elle dès qu'il s'agira de porter un jugement motivé sur la valeur, l'excellence, la supériorité de tel ou tel type social déterminé.

IV

Il est temps de voir maintenant comment cette notion pourrait être élaborée, de façon à rendre compte de tous les faits et à s'adapter rigoureusement aux données les mieux établies de la science sociale.

Pour arriver au but, il ne sera peut-être pas inutile de se demander d'abord ce qu'est la SANTÉ dans l'ordre physiologique (1). Quand, disons-nous, quand pouvons-nous dire que tel organe de notre corps est sain, bien portant ? La réponse est semble-t-il assez simple. Chacun de nos organes a une ou plusieurs *fonctions* qui lui sont propres (2) : l'œil a pour fonction de voir,

(1) « C'est par analogie au corps humain que nous parlons de sociétés *saines*, de *bien-être* social; on ne saurait donc préciser le sens des termes ainsi employés, sans une précise détermination de leur sens propre, physiologique ou anthropologique. Non seulement ce n'est pas inutile ; c'est *nécessaire*, scientifiquement : toute expression analogique doit se mesurer, comme disaient les scolastiques, d'après le terme dont elle participe le sens. C'est une règle de logique essentielle à l'esprit humain. » Note de M. B. Schwalm.

(2) Et c'est le rôle de la *physiologie* en tant que *science* de déterminer ces *fonctions*. « La physiologie, dit le D' Mathias Duval, a pour objet l'étude des *fonctions* des organes et des propriétés des tissus. » Küss et Duval, *Cours de physiologie*, p. I. — Sur les notions de *fonctions*, de *finalité*, d'*harmonie* dans l'ordre physiologique, il sera bon de rappeler les déclarations suivantes de Claude Bernard (*Introduction à l'étude de la médecine expérimentale*,

l'oreille d'entendre, la main de saisir, de toucher, de palper, l'estomac de digérer, le cœur de pousser le sang dans les artères, la jambe de soutenir le corps et de le porter en avant ou en arrière, etc. Nous disons que chacun de ces organes est *sain* lorsqu'il est constitué de telle façon, que l'accomplissement de ses fonctions soit possible et facile, et que sa santé est d'autant plus parfaite que ses fonctions s'accomplissent plus complètement, plus aisément.

Si des organes pris individuellement, nous passons à l'*homme* considéré dans son ensemble, et que, d'ail-

IIe partie, chap. II) : « Il existe dans les manifestations des corps vivants une *solidarité de phénomènes toute spéciale* sur laquelle nous devons appeler l'attention de l'expérimentateur ; car si ce point de vue physiologique était négligé dans l'étude *des fonctions de la vie*, on serait conduit, même en expérimentant bien, aux idées les plus fausses et aux conséquences les plus erronées » (p. 137, édit. P. Sertillanges). — « Les organes musculaires et nerveux entretiennent l'activité des organes qui préparent le sang ; mais le sang à son tour nourrit les organes qui le produisent. Il y a là une *solidarité organique ou sociale* qui entretient une sorte de mouvement perpétuel, jusqu'à ce que le dérangement ou la cessation d'action d'un élément vital nécessaire ait rompu l'équilibre ou amené un trouble ou un arrêt dans le jeu de la machine animale » (pp. 138-139). — « Le physicien et le chimiste peuvent repousser toute idée de *causes finales* dans les faits qu'ils observent ; tandis que le physiologiste est porté à admettre une *finalité harmonique et préétablie dans le corps organisé* dont toutes les actions partielles sont solidaires et génératrices les unes des autres » (p. 140). — L'anatomie comparée nous montre encore que les *dispositions des instruments de la vie* sont entre eux dans des rapports *nécessaires et harmoniques avec l'ensemble de l'organisme*. Ainsi un animal qui a des griffes doit avoir les mâchoires, les dents et les articulations des membres disposées d'une manière déterminée. Le génie de Cuvier a développé ces vues et en a tiré une science nouvelle, la paléontologie, qui reconstruit un animal entier d'après un fragment de son squelette. L'objet de l'anatomie comparée est donc de nous montrer *l'harmonie fonctionnelle des instruments* dont la nature a doué un animal et de nous apprendre la modification nécessaire de ces instruments suivant les diverses circonstances de la vie animale » (p. 174). — Ces vues corroborent bien les affirmations du texte. Elles proviennent d'un savant très en méfiance contre l'*a priori* philosophique et très rigoureusement expérimentateur ; cette origine en souligne la valeur ; elles établissent très bien le caractère scientifique, positif, expérimental des notions de fonction, de finalité et d'harmonie fonctionnelle dans les sciences biologiques. (Note de M. B. Schwalm.)

leurs, nous nous en tenions toujours à la santé physiologique, la solution sera la même. L'homme sera
sain, bien portant, lorsque *tous* ses organes fonctionneront normalement, régulièrement, harmonieusement
c'est-à-dire lorsqu'ils accompliront, chacun à sa
place et à son rang, les fonctions qui lui sont dévolues
par la nature.

La question est plus délicate si nous envisageons
l'homme, non plus seulement dans sa constitution physiologique, mais dans sa constitution complète, inté-
grale, c'est-à-dire tout à la fois *physique, intellectuelle*
et *morale*. Il faut alors qu'à la santé physique s'ajoutent
la santé intellectuelle et la santé morale.

Il y a évidemment ici des difficultés que nous ne pré-
tendons pas élucider toutes. Nous ne nous proposons
que de tracer quelques lignes générales susceptibles de
nous guider dans notre étude de la prospérité. L'homme
sera sain intellectuellement et moralement quand il se
développera, à ce double point de vue, conformément à
sa nature.

L'homme a une intelligence. Cette intelligence a
pour fonction de penser, de réfléchir, de raisonner (1),
et certaines règles s'imposent à elle dans ses jugements
et ses raisonnements. L'homme fera un usage normal
et sain de son intelligence, lorsque d'abord il lui four-
nira des données pour ses opérations, lorsqu'ensuite il
la fera travailler conformément aux règles qui s'impo-

---

(1) « Le vrai, le certain est la *fonction propre* de l'intelligence »,
H. DE TOURVILLE. Voir notre brochure : *Henri de Tourville et son
œuvre sociale*, p. 86.

sent à elle, en vertu de la constitution même de l'esprit humain.

De même l'homme a une conscience morale, dont la fonction naturelle est de lui indiquer ce qui est bien et ce qui est mal, ce qu'il doit faire et ce qu'il doit éviter. On conçoit si bien que cette conscience puisse fonctionner juste ou fonctionner à faux que tous les traités de philosophie distinguent soigneusement la conscience droite de la conscience erronée et douteuse (1) et parlent de la nécessité de l'éducation de la conscience (2). En fait, dans la pratique ordinaire de la vie, nous ne nous y trompons pas ; et c'est aux gens dont la conscience est droite — saine — et la conduite conforme aux prescriptions de leur conscience que vont tout spontanément notre confiance et notre sympathie.

L'homme présentant une nature complètement saine sera donc celui dont tout à la fois les organes physiques, l'intelligence et la conscience fonctionneront conformément à leur nature, accompliront régulièrement, aisément leurs fonctions naturelles. L'homme ainsi constitué sera un homme dans toute l'acception du mot, un *homme vraiment homme*. Il réalisera sa nature d'homme.

On conçoit cependant qu'il la réalise plus ou moins. Il est, en effet, dans la nature humaine, un impérieux besoin de *vie*, *d'activité*. Chaque homme vit avec plus ou moins d'intensité. Celui qui vivra avec le plus d'in-

---

(1) P. JANET, *Traité de philosophie*, pp. 666-667 ; G. FONSEGRIVE, *Éléments de philosophie*, t. II, p. 399 ; A. DURAND, *Cours de philosophie*, t. II, p. 159.

(2) A. DURAND, *op, cit.*, t. II, page 160.

tensité conformément à sa nature, celui-là sera le plus complètement homme.

Seulement ici une réserve s'impose. L'homme ne peut développer *avec l'intensité la plus extrême* l'une des trois forces de sa nature sans nuire aux deux autres. S'il s'attache au développement intense de sa force physique, il deviendra un *athlète*, et ses facultés intellectuelles et morales s'en ressentiront ; s'il s'attache au développement intense de son *intelligence*, le corps en souffrira, la moralité peut-être (1) ; ce sera un *cérébral* ; s'il s'attache au développement intense de la *conscience*, il sera un *ascète*, le corps en souffrira, l'intelligence s'obscurcira peut-être... Pour qu'il y ait *santé* véritable, il faut un équilibre dans le développement des forces. Il faut l'*harmonie* : il faut que le développement des trois natures physique, intellectuelle et morale se fasse harmonieusement ; car elles se soutiennent l'une l'autre, et le développement exclusif et exagéré de l'une nuirait incontestablement à celui des deux autres.

V

Ce sont là des idées très simples, anciennes, bien connues et qu'on a peut-être le tort de perdre de vue. Elles sont pourtant capitales et lumineuses.

Empruntons leurs formules à quelques philosophes dont l'autorité confirmera ces vues.

Aristote explique que l'homme a, comme tel, une

---

(1) « A force de lumières avoir l'incertitude ». M™ DE SÉVIGNÉ, (Cité : *Revue du clergé français*, 15 décembre 1902, p. 153.)

nature qui lui est propre et qu'il lui convient de développer : l'homme vraiment homme est celui « chez qui toutes les facultés humaines reçoivent leur complet développement, où la nature humaine s'épanouit tout entière » (1), où « toutes les puissances qui sont en lui [se développent] d'une manière vigoureuse, large et riche, qui vit d'une vie pleine, achevée, épanouie » (2).

Seulement, toujours suivant Aristote, les facultés, les puissances de l'homme ne doivent pas être déployées au hasard, arbitrairement, mais selon l'ordre qui convient, avec proportion et harmonie : « Entre les modes différents de l'activité humaine, il y a subordination, hiérarchie...; il faut développer en soi l'être et les puissances de l'être en observant une règle, un ordre : que chaque chose soit à sa place, en son rang, et qu'au sommet soit la plus excellente, à laquelle se rapporte tout le reste... La vertu met dans l'âme et dans la conduite l'ordre, l'harmonie, la mesure : elle coordonne les diverses parties de notre être ; elle définit et détermine le rôle de chacune ; ...elle veut que tout soit net, τάξις, συμμετρία, τὸ ὡρισμένον, et cette vie bien réglée a tout à la fois la force et la mesure, l'ampleur et la proportion, c'est quelque chose de grand et quelque chose d'ordonné, μέγεθος καὶ τάξις » (3).

L'homme qui vit conformément à ces principes a conscience d'être vraiment dans la loi de sa nature ; il est un homme dans toute l'acception du mot, ἀνήρ ; il

(1) L. OLLÉ-LAPRUNE, *Essai sur la morale d'Aristote*, p. 56.
(2) Id., *ibid.*, p. 55.
(3) Id., *ibid.*, p. 65.

est plein de vie, d'activité, ἐνέργεια, et cette vie, cette activité n'ont rien de désordonné ; elles sont au contraire réglées, disciplinées. Cet homme fait bien son *métier d'homme*, τὸ ἀνθρωπεύεσθαι (1) ; il remplit exactement sa fonction, sa fin, τέλος, car sa fin est de vivre pleinement, conformément à sa nature vraie, saine et droite (2).

Et en même temps il a le *bonheur,* car le sentiment de cette vie pleine, intense, dans l'ordre, produit dans l'âme un sentiment profond de satisfaction, de félicité, de joie. « Pour Aristote, dit M. Ollé-Laprune, c'est le déploiement de l'activité qui rend heureux : mais c'est de l'activité la plus haute que naît le plaisir le plus profond... tout revient en définitive à être homme le plus possible et le mieux possible (3). »

Ces idées d'Aristote, si justes, résultat d'une observation psychologique si pénétrante, se retrouvent aujourd'hui chez quelques philosophes contemporains.

Pour M. Guyau, la cause et la fin de toutes nos actions c'est la *vie :* nous cherchons à vivre de la vie « tout à la fois la plus intense et la plus variée dans ses formes... La tendance à *persévérer dans la vie* est la loi même de la vie, non seulement chez l'homme, mais chez tous les êtres vivants » (4). « Accroître l'intensité de la vie... c'est accroître le domaine de l'activité sous toutes ses formes... Le but poursuivi,

---

(1) Cf. MONTAIGNE, *Essais*, III, 13 : « Faire bien l'homme. »
(2) L. OLLÉ-LAPRUNE, *op. cit.*, pp. 22-24, 121, 230, 244 et *passim.*
(3) Id., *op. cit.*, p. 208.
(4) *Esquisse d'une morale sans obligation ni sanction,* p. 11.

dans la culture de l'activité humaine, c'est donc la réduction au strict nécessaire de ce qu'on pourrait appeler les périodes de jachère. Agir c'est vivre ; agir davantage c'est augmenter le foyer de vie intérieure. Le pire des vices sera, à ce point de vue, la paresse, l'inertie. L'idéal moral sera l'activité dans toute la variété de ses manifestations... Pour prendre un exemple, la pensée est l'une des formes principales de l'activité humaine, parce que la pensée est pour ainsi dire de l'action condensée et de la vie à son maximum de développement. » Et le bonheur résulte du déploiement de l'activité, car « le plaisir est un état de conscience... lié à un accroissement de la vie ; il s'ensuit que ce précepte : *accrois d'une manière constante l'intensité de ta vie*, se confondra finalement avec celui-ci : *accrois d'une manière constante l'intensité de ton plaisir* » (1).

Un autre philosophe, L. Ollé-Laprune, écrit : « Je conçois celui *qui fait bien l'homme* comme vivant d'une vie intense et proportionnée d'abord, déployant les puissances humaines, toutes, mais chacune en son rang et selon la mesure qui convient (2). » Cela est bien conforme à la nature de l'homme : « Homme, j'aspire à être homme : c'est ma loi (3). »

Et si l'expérience, aidée de la raison, nous amènent à constater que l'homme, vraiment homme, est celui qui est tout à la fois *fort* et *généreux*, on sera fondé à avancer que l'homme le plus homme sera celui qui

(1) Guyau, *Esquisse d'une morale sans obligation ni sanction,* pp. 12-13.
(2) *Le Prix de la vie,* p. 71.
(3) *Ibid.,* p. 86.

sera à la fois le plus fort (physiquement, intellectuellement, moralement) et le plus généreux (1).

Il y a donc, qu'on le veuille ou qu'on ne le veuille
pas, certaines *fonctions* qui sont le propre de l'homme.
La détermination de ces fonctions est l'œuvre de l'observation aidée de la réflexion (2). Et nous constatons
que plus l'homme accomplit ces fonctions avec intensité, avec activité, plus il est homme, mieux il réalise
sa nature d'homme ; plus son type est sain, prospère.

VI

Ces considérations sont-elles sans application aux
groupements humains ? Nous ne le pensons pas.

Il ne semble pas douteux que les groupements
humains n'aient, eux aussi, leurs fonctions, leurs fins
propres ; et nous estimons que ces fonctions et ces fins
peuvent être déterminées par la simple observation des
faits aidée de la réflexion, indépendamment de toute
discussion d'ordre philosophique et métaphysique.

Qu'on se rappelle seulement la page magnifique dans
laquelle H. de Tourville montre les hommes formant
leurs groupes multiples en vue de certains résultats à
obtenir : « les gens se cherchent les uns les autres,
conclut-il, pour se grouper suivant les besoins particuliers de l'action à laquelle ils veulent s'adonner (3). »

Donc les hommes se groupent, font société pour
atteindre certains buts déterminés, réaliser certains

(1) L. Ollé-Laprune, *Le Prix de la vie*, p. 80. Cf. pp. 68-69.
(2) *Ibid.*, p. 79.
(3) *Science sociale*, t. I, p. 19. Citée dans notre étude : *La Science
sociale et sa constitution indépendante*, pp.7-8.

desseins, certaines fins qu'ils seraient dans l'impossibilité d'atteindre ou de réaliser s'ils restaient isolés. Cela est l'évidence même.

Et cela est particulièrement frappant en ce qui concerne le groupe élémentaire de toute société, LA FAMILLE. La simple observation ne nous montre-t-elle pas que si l'homme et la femme s'unissent, c'est parce qu'ils ne peuvent que par le moyen de cette union perpétuer leur race, fonction à laquelle ils sont poussés par un désir très général et très puissant de leur nature (1), et, d'autre part, que si cette union subsiste, se prolonge, c'est que, des enfants étant nés de cette union, il importe de les élever, de les former, de les éduquer, et que cette œuvre n'est possible, dans de bonnes conditions du moins, que par l'action combinée, la coopération durable du père et de la mère ?

Cela est tellement vrai que les philosophes, ceux du moins qui sont en même temps des observateurs, ont toujours assigné à la famille, comme fin principale, la génération et l'éducation des enfants (2). A plus forte raison les sociologues, qui ont mis l'observation à la base de leurs études, ont-ils été de cet avis. Le Play écrit dans sa *Constitution essentielle de l'humanité* (3) :

« Chez toutes les races, la famille est le premier moyen d'*éducation* .. La famille, en effet, ne produit pas seulement les rejetons qui perpétuent la race ; elle

(1) ARISTOTE, *Politique*, I, chap. I, § 4.
(2) ARISTOTE, *Politique*, I, chap. I, § 4 ; CATHREIN, *Philosophia naturalis*, édit. 3ᵉ, pp. 313 et suiv. ; DE PASCAL, *Philosophie sociale* pp. 108 et suiv. ; ANTOINE, *Economie sociale*, pp. 87 et suiv.
(3) Chap. I, § 9, pp. 30-31.

leur transmet peu à peu, dès la naissance, la pratique de la loi morale, sans laquelle ils ne sauraient jouir plus tard ni de la paix, ni du pain quotidien. Malgré le concours qui lui est apporté chez les races compliquées, la famille y reste au fond le vrai moyen de perpétuer dans la paix les générations futures, en développant le bien et en réprimant le mal chez les nouveau-nés. Tel est le *but* assigné par les aptitudes et les défaillances de l'homme à cette institution fondamentale de l'humanité. » Il est impossible de dire en termes plus nets que l'*éducation* des enfants est la *fonction essentielle* de la famille.

De même, dans une remarquable étude sur la *classification des espèces de la famille* (1), M. Robert Pinot est amené à se demander quelles sont les *fonctions*, les *fins essentielles* de la famille : « Quand un observateur, dit-il, se trouve en face de groupements qui appartiennent à un même fait social... si cet observateur veut déterminer les espèces que présentent les groupements d'un même ordre, il doit rechercher quel est *le fait constitutif, la fonction essentielle* des groupements de cet ordre... Mettons-nous en face du groupement familial et demandons-nous quelle est sa fonction essentielle... La fonction essentielle, la cause constituante de la famille c'est : *l'éducation des jeunes générations.* » Suit un développement très intéressant sur l'insociabilité naturelle de l'enfance, et l'auteur conclut : « L'édu-

____

1) *Science sociale*, t. XVII, pp. 51 et suiv. Cette étude a été reproduite dans le fascicule I de la 2ᵉ série.

cation, telle paraît être exactement la *fonction essentielle* de la famille. Dans cette œuvre, aucune action ne peut remplacer la sienne (1). »

Seulement, ici, une observation très importante doit être faite, observation dont nous verrons tout à l'heure la portée très générale : c'est que, si l'éducation est la fonction essentielle de la famille, cette éducation n'est pas une éducation quelconque, mais bien une éducation *appropriée, adaptée aux besoins actuels de la société* au sein de laquelle se développe la famille. Cette réserve nécessaire n'a pas échappé à M. Pinot :

« Remarquez bien, dit-il, que cette éducation n'est pas une éducation générale dont le but serait de faire de chaque enfant un citoyen de l'univers. L'éducation n'existe pas, n'a jamais pu exister dans un pareil but, sauf dans les songes creux de quelques idéologues. *Chaque famille élève ses enfants d'après les procédés et suivant les nécessités du* MILIEU *dont elle est ;* elle les élève pour les faire agir dans les organismes sociaux qui existent autour d'elle (2)... »

Et maintenant — étant donné ce qui précède — n'apparaît-il pas clairement que la famille sera PROSPÈRE lorsqu'elle sera organisée de telle façon qu'elle puisse accomplir facilement et complètement les fonctions qui lui sont propres (3), et qu'elle puisse les

---

(1) *Science sociale*, t. XVII, p. 64. — *Science sociale*, fascicule I de la 2ᵉ série, pp. 57-58.

(2) *Science sociale*, t. XVII, p. 65 bas ; fascicule I de la 2ᵉ série, p. 59 h'.

(3) C'est ce qu'indique Le Play dans le passage suivant : « L'organisation de la famille varie, il est vrai, selon les lieux... Le *but* est

accomplir non pas *in abstracto* mais *in concreto*, c'est-à-dire en s'adaptant aux conditions de lieu et de temps dans lesquelles elle est appelée à vivre. Il y aura donc *prospérité* quand il y aura *accomplissement des fonctions propres au groupe avec adaptation au milieu.*

Quant à la question de savoir *par quels moyens, par quels procédés pratiques* la prospérité ainsi entendue pourra être réalisée, c'est, ici encore, *l'observation des faits* qui en donne la solution. C'est l'observation des faits qui révèle, par exemple, que, pour que la famille soit *prospère*, il faut :

1° A la base de la famille l'union d'un homme et d'une femme, une union monogamique et une union stable, non dissoute en fait et même conclue avec l'intention de ne pas la dissoudre ;

2° Une autorité qui dirige et qui commande, l'autorité maritale et paternelle ;

3° Le respect de la loi morale ;

4° Des ressources matérielles suffisantes ;

5° La connaissance et l'intelligence des temps présents (1).

Nous croyons que tout cela est simple, clair et vrai-

---

atteint néanmoins et la société *prospère*, si ces variations restent subordonnées à certaines règles stables tracées par les coutumes de la constitution essentielle. Si au contraire l'instabilité survient, la famille souffre tout d'abord, puis la société dépérit. » *Constitution essentielle de l'humanité,* p. 31. Il faut remarquer que ce passage vient immédiatement après celui que nous avons cité deux pages plus haut, ce qui en précise le sens.

(1) Tout ceci demanderait de longs développements qui ne peuvent trouver place dans ce travail, mais qui ont été donnés au *cours de science sociale* professé à l'Université de Nancy. Ce cours sur *la Famille* sera prochainement publié (note de la 2ᵉ édit.).

ment *scientifique*, puisque cela résulte de l'observation des faits (1).

Et d'autre part, avec ces données, nous avons tout à la fois :

a) Un critérium nous permettant de reconnaître quand un groupement social est prospère ou quand il ne l'est pas ; ce qui n'a besoin d'aucune explication ;

b) Une ligne de conduite sûre et précise, ce qui se comprend encore très aisément : à la condition bien entendu que nous préférions la prospérité, la santé, au malaise et à la désorganisation (2), nous savons de science certaine, par quels moyens, par quels procédés nous pouvons instaurer cette prospérité, cette santé dans la famille ;

· *c*) Un critérium pour nos *jugements de valeur*, c'est-à-dire un critérium nous permettant de porter un jugement sur la valeur respective des différents types de familles. Nous saurons par exemple que si telle formation sociale incline la famille vers la monogamie, telle

---

(1) « Pour les sociétés, comme pour les individus, la *santé* est bonne et désirable, la *maladie* au contraire est la chose mauvaise et qui doit être évitée. Si donc nous trouvons un critère *objectif*, *inhérent aux faits eux-mêmes* qui nous permette de distinguer scientifiquement la santé de la maladie dans les divers ordres de phénomènes sociaux, la science sera en état d'éclairer la pratique tout en restant fidèle à sa propre méthode. » DURKHEIM, *Les Règles de la méthode sociolologique*, chap. III, pp. 61-62.

(2) « On prend pour accordé, écrit M. Lévy-Bruhl, que les individus et les sociétés veulent vivre et vivre le mieux possible, au sens le plus général du mot. Il n'est pas absurde sans doute de soutenir que les sociétés et les individus feraient mieux de ne pas le vouloir, et Shopenhauer a employé un admirable talent à défendre cette thèse, mais c'est là une question métaphysique au premier chef. *La science a le droit de postuler ce genre de fins universelles, et c'est de son progrès que dépendra ensuite la détermination de fins plus précises.* » *La morale et la science des mœurs*, préface de la troisième édition, p. xv.

autre vers la polygynie, telle autre vers la polyandrie, ces trois formes d'union n'ont pas une égale *valeur sociale,* puisque, d'après l'observation des faits, la monogamie seule permet à la famille d'accomplir complètement sa fonction essentielle d'éducatrice. Nous pourrons donc *juger* la monogamie supérieure à la polygynie et la polygynie supérieure à la polyandrie, *non* en vertu de considérations *morales* étrangères à notre science, mais en vertu de l'observation pure qui nous montre, par les faits, les conséquences sociales très différentes et très inégales de chacune des trois formes de l'institution matrimoniale.

VII

Nous devons nous demander maintenant si ce qui est vrai de la famille l'est également des autres groupements humains, des autres institutions sociales, comme, par exemple : de l'*atelier de travail,* de l'*association professionnelle,* de la *commune,* de la *province,* de l'*État.*

A vrai dire, on ne voit pas pourquoi il y aurait une différence et pourquoi la famille bénéficierait, à cet égard, d'une situation privilégiée. Chacune des institutions, chacun des groupements que nous venons de citer a sa *raison d'être* sans laquelle il n'aurait pas pris naissance, sans laquelle les hommes ne l'auraient pas formé. S'il s'est constitué, c'est en vue d'un *but* à atteindre, d'un *résultat* à obtenir : il a donc des *fonctions* à remplir, des *fins* à réaliser. Ici encore comme tout à l'heure à propos de la famille, l'idée de *fonctions*, de *fins*, de *finalité* semble bien s'imposer.

C'est d'ailleurs ce qu'admettent aujourd'hui les penseurs les plus attachés aux méthodes scientifiques. « Pourquoi, dit M. Lévy-Bruhl, nous interdirions-nous les considérations de *finalité* si l'objet de notre science les comporte ? Elles peuvent être un auxiliaire très utile à la recherche, les sciences biologiques ne se font pas faute de l'employer. Les sociétés diffèrent sans doute des organismes vivants, mais elles présentent du moins le caractère commun avec eux qu'en vertu d'un consensus intime les parties et le tout s'y commandent réciproquement. Rien n'empêche donc que les sciences de la réalité morale ne se servent aussi des considérations de finalité comme d'un procédé heuristique (1). »

« Les faits sociaux, dit à son tour M. René Worms, portent à nos yeux la trace évidente d'une certaine *finalité*. Il ne s'agit pas ici, qu'on l'entende bien, d'une finalité transcendante, susprasensible, telle que la conçoit la métaphysique (2). Nous ne voulons parler

---

(1) *La Morale et la Science des mœurs*, préface, pp. XVI-XVII.
(2) Nous attirons ici tout particulièrement l'attention sur la distinction établie par M. R. Worms entre la finalité *métaphysique* et la finalité *humaine*, distinction affirmée déjà d'ailleurs par Aristote et les scolastiques (finalité intrinsèque et finalité extrinsèque). Un exemple très simple emprunté à la physiologie en fera bien saisir l'importance. Pour déterminer les fonctions du larynx, organe de la voix, on peut se placer à deux points de vue ; 1° point de vue *humain* : le larynx a pour fonctions d'émettre des sons, de permettre à l'homme de parler et de chanter ; 2° point de vue *métaphysique* : la voix est donnée à l'homme pour chanter la gloire de Dieu. — Est-il besoin de dire que, dans toute cette étude, il ne s'agit que des fonctions et des fins *humaines*, les seules que la science soit en mesure d'observer et de constater ? — Une autre remarque : « Il ne s'agit ici, encore, que des fonctions et fins humaines *collectives*, les seules que la science sociale soit en mesure d'observer et de constater. Quant aux fonctions intellectuelles, scientifiques, artistiques, morales, religieuses, — qui sont humaines aussi, — *d'autres sciences*

que d'une *finalité immanente, ne sortant aucunement du monde humain, telle que la science peut la comprendre et la constater*. Or cette dernière nous paraît indéniable en matière sociale. Les phénomènes sociaux en effet sont la manifestation des *volitions humaines*. Celles-ci tendent à réaliser le bien de l'individu, tel du moins qu'il le conçoit. Elles ont donc une certaine *fin*, la *satisfaction des désirs de leur auteur*. C'est la considération de la *fin poursuivie* qui explique les *moyens choisis*, les *voies prises*, les étapes parcourues. Se priver de cette considération, ce serait, pour la science sociale, éteindre volontairement le meilleur foyer de lumière qu'elle ait à sa disposition pour éclairer son chemin si souvent obscur (1). »

les étudient respectivement en ce qu'elles ont chacune de propre; elles ne relèvent de la science sociale que dans la mesure où elles déterminent des groupements ou sont influencées par quelqu'un de ceux-ci. C'est ainsi que les idées et pratiques morales tombent sous l'horizon de l'observateur social, selon qu'elles relèvent, par exemple, du lieu et du travail ou qu'elles influencent l'atelier et l'association. » Note de M. B. Schwalm.

(1) *Philosophie des sciences sociales*, t. I, pp. 98-99. — « C'est le cas de rappeler ici les remarques décisives et rigoureusement scientifiques, de Claude Bernard, sur le déterminisme complexe, hiérarchisé et finaliste des phénomènes physiologistes. Nous les avons citées plus haut. Nous pensons même que la méthode d'observation nous oblige à les accentuer, en passant de la biologie à la science sociale. Voici comment. Les fonctions organiques tendent spontanément vers leurs fins propres sans que, nécessairement et toujours, la conscience, la connaissance intervienne : on respire, on digère, on se nourrit les muscles par le sang, en l'absence de toute sensation ou idée directrice ; mais on ne se marie pas, on ne travaille pas dans un atelier, on ne voisine pas, *on ne fait rien de social* sans une vue, juste ou non, illusoire ou non, mais toujours directrice, d'un *but à réaliser par le moyen de tel groupement*. Ceci est une notion générale de finalité, *rigoureusement induite de la totalité de nos actes de groupement*. Tandis que la finalité organique et physiologique est inconsciente, comme celle de la flèche ou de la balle qui court droit à la cible, la finalité sociale est constante, raisonnée, mesurée sur un but qu'on veut réaliser. *Le règne des fins commence avec la vie*, au point de vue de la science ; mais lorsqu'il atteint *l'homme social*, il ne l'emporte pas sans que celui-ci ne se livre comme disposant de soi et de ses voies, par des arrangements de groupes, *en vue des biens* dont il *a envie*. Déjà, les groupements des

Au reste, nous reconnaissons qu'il ne sera pas toujours aisé, tant s'en faut, de distinguer et par suite de déterminer exactement les fonctions de tel ou tel groupement. Les intentions des hommes ne sont pas toujours aussi faciles à discerner qu'il le semblerait au premier abord, et la raison en est qu'eux-mêmes, les membres du groupe, ne se rendent pas toujours exactement compte du but qu'ils poursuivent.

Prenons par exemple le *groupement syndical*. Des congrès récents nous ont révélé plusieurs conceptions différentes du syndicat. Pour les uns, le syndicat ne doit avoir d'autre fonction que de régler les conflits du travail et du capital ; pour les autres, il doit être un instrument de transformation sociale visant à la suppression du patronat et du salariat ; ce qu'on appelle « le syndicalisme » est encore une autre conception du rôle social des syndicats professionnels (1). De même pour l'*État :* quelles sont ses *fonctions ?* Grave question loin d'être résolue et sur laquelle existent encore les divergences de vues les plus absolues, les uns voulant

animaux nous manifestent quelque chose de cette activité supérieure, par les sensations et les passions qui les groupent ; mais elle ne devient maîtrise de ses choix, consentement ou refus, en présence des conditions et des biens de la vie, que chez l'homme, lequel raisonne et coordonne ses actes sociaux, d'après sa conception et son désir de son bien et bonheur humain. Il faut creuser de plus en plus dans ce sens la notion de la prospérité sociale. Elle fera mettre en lumière finalement, non pas un postulat extra-scientifique de la science sociale, mais l'une de ses premières et immanentes vérités ; immanente à la science, parce qu'elle l'est à *tout acte humain de groupement.* » Note de M. B. Schwalm.

(1) La Faculté de droit de Nancy a justement proposé comme sujet, pour le concours de doctorat de 1907-1908, l'étude « des théories diverses relatives au *rôle* des syndicats professionnels ».

que l'État soit tout, les autres voulant au contraire réduire au minimum ses attributions (1).

Il y a donc des difficultés, c'est incontestable ; et l'une des principales vient de ce que, pour la détermination des *fins,* il n'y a pas à considérer seulement ce qu'en fait les hommes réalisent en se groupant, mais ce qu'ils veulent, ce à quoi ils tendent, le but, l'idéal social auquel ils aspirent. Il s'agit de savoir si cet idéal est réalisable, s'il n'est pas chimérique, s'il est compatible avec la vie du groupe, s'il est dans la nature des choses ou plus exactement *dans le sens des choses* (2) et, comme on dit aujourd'hui, s'il suit le *cours de l'évolution sociale.*

Toutes choses difficiles, délicates, mais non pas impossibles sans doute (3). La science sociale est loin d'être définitivement constituée ; il lui reste beaucoup à faire, beaucoup à chercher et à trouver. C'est aux

---

(1) Tout le monde connaît le beau livre de M. Paul LEROY-BEAULIEU intitulé précisément : *L'Etat moderne et ses fonctions.*

(2) L'expression est de M. de Tourville. Voir notre brochure : *Henri de Tourville et son œuvre sociale,* p. 87.

(3) M. Paul de Rousiers, directeur de la *Science sociale,* après avoir lu ce travail en manuscrit, écrit à l'auteur : « Je suis bien d'accord avec vous sur la détermination de la *fonction* par la science sociale... Ainsi la fonction de la famille est d'élever les enfants, parce que jusqu'ici aucun organisme social ne s'est révélé aussi apte à les élever. Là où il n'y a pas de famille, où le père ignore ses enfants, chez certains nègres, l'enfant ne *s'élève* pas, la société non plus. Là où l'enfant est élevé par l'Etat, comme à Sparte, il l'est pour une fonction unique de militarisme, d'où dommage à la longue pour la société qui s'étiole et meurt, etc. La fonction de l'Etat retrouvée partout est le maintien de la paix à l'extérieur et à l'intérieur ; c'est donc la fonction *essentielle.* D'autres fonctions sont justifiées seulement dans certains milieux lorsque l'tÉat paraît seul apte à les remplir. La fonction de la Propriété est d'assurer le produit du travail à celui qui le dirige et aussi de pousser au progrès matériel, à la mise en valeur, etc. *Tout cela se déduit rigoureusement de l'observation et se complète et se précise au fur et à mesure des observations nouvelles.* »

sociologues, en multipliant leurs observations sur les sociétés humaines d'aujourd'hui et d'autrefois, en suivant le développement historique des institutions, de déterminer les *fonctions* propres de chaque groupement, les *fins* que se proposent et que *peuvent se proposer utilement* les membres de ces groupements, dans les circonstances de lieu et de temps où ils se trouvent (1).

Et tout cela est scientifique. « L'existence des fins humaines est un *fait*, dit M. R. Worms, et comme telle elle a droit à être étudiée par les sciences humaines. Bien plus, c'est un fait capital qui en explique beaucoup d'autres et qui, à ce titre, appelle toute l'attention de l'investigateur. Les phénomènes sociaux s'ordonnent au moins en partie suivant les fins de l'esprit... Cette finalité-là ne fait aucun obstacle à la science ; elle en facilite, au contraire, l'élaboration parce qu'elle est pleinement intelligible (2). »

Ainsi donc un groupement sera *prospère* quand il sera constitué de façon à accomplir complètement et aisément les *fonctions* qui lui sont propres, dans les conditions de lieu et de temps où il est appelé à vivre.

Mais cela demande quelques explications supplémentaires.

(1) De ce qui précède il ne faut pas conclure cependant que, pour arriver à déterminer la nature et les fonctions d'un groupement social, il soit indispensable d'attendre qu'on ait monographié dans leur infini détail tous les types divers de cette forme de groupement. Il suffit, semble-t-il, d'en avoir observé sérieusement un certain nombre, un petit nombre même, au point de vue spécial dont il s'agit ici, pour arriver à dégager de cette étude une connaissance suffisante des *fonctions* propres au groupement dont on s'occupe. Cette connaissance sera, bien entendu, toujours sujette à revision au fur et à mesure que la science progressera ; mais, dès le début, elle offrira au savant un point d'appui suffisamment ferme pour qu'il puisse, de là, poursuivre plus loin ses investigations.

(2) *Philosophie des sciences sociales*, t. I, p. 99.

VIII

Il se peut d'abord que le groupement étudié ait *plusieurs* fonctions à remplir. Dans ce cas, il est évident qu'il ne faudra pas que *l'une* seulement de ces fonctions soit remplie à l'exclusion des autres : il faudra que toutes le soient *dans des proportions* et avec un équilibre que la pratique déterminera.

Par exemple, dans la famille, il ne faudra pas que la multiplication des enfants soit telle que l'*éducation* en soit rendue impossible ; ni, inversement, que, dans l'intention de rendre l'éducation plus parfaite, le nombre des enfants soit réduit à l'excès.

Voici donc une notion nouvelle : *la prospérité* réclame l'accomplissement *intégral et proportionné* des diverses fonctions propres au groupe.

Mais cela ne suffit pas. Un groupement est rarement isolé. Il vit en contact avec d'autres groupements de même ordre ou d'ordre différent, ou il fait partie d'un groupement plus vaste.

Il est évident que tel groupement donné ne saurait impunément chercher son bien propre au détriment des autres groupes voisins. Cette famille, par exemple, ne pourrait avoir la prétention de fonder sa prospérité sur l'exploitation ou l'écrasement des familles de son voisinage. Une telle prospérité serait trompeuse, illusoire. Acquise au préjudice d'autrui, elle serait proprement *parasitaire ;* elle ne saurait durer : à peine née, elle serait près de sa fin.

Remarquons qu'il en est ainsi du corps humain. La santé d'un organe est en relations étroites avec la santé des organes voisins. On ne saurait avoir la prétention de soigner un seul organe et de négliger ou de sacrifier les autres : l'état de délabrement de ceux-ci aurait vite sa répercussion sur l'état de celui qu'on voudrait traiter avec une exclusive prédilection. Si l'estomac souffre, que deviennent les membres (1) ? De même, dans l'homme, on ne saurait sans danger développer telle faculté, telle aptitude aux dépens des autres. Si on le fait, on n'a plus un homme complet, normal, on a ou un athlète, ou un cérébral ou un ascète (2). Il y a donc, entre les diverses facultés de l'homme, comme entre les divers organes du corps, un certain équilibre, un certain ordre, une certaine hiérarchie et, pour tout dire, une certaine *harmonie* qui doit être maintenue. Il importe, pour que les choses soient comme il convient, que « tout dans l'homme soit à sa place, en son rang, tout bien proportionné, tout déployé... conformément à sa nature d'homme (3) ».

(1) Qu'on se rappelle l'apologue célèbre : *Tite-Live*, II, 32. *La Fontaine*, III, 2. Cf. SAINT PAUL, I *Corinth.*, chap. XII, v. 12-27.

(2) Voir plus haut. Si l'on voulait d'ailleurs être tout à fait précis, « il y aurait à distinguer entre l'athlète, le cérébral, l'ascète *mal équilibrés*, qui ont développé leurs spécialités respectives jusqu'à l'écrasement ou l'atrophie de tout ce qui n'est pas elles, et l'athlète, le savant ou l'ascète *bien équilibrés*, qui donnent simplement la primauté à l'un des éléments de la vie et de la culture humaines dans leur vie personnelle ; primauté mesurable toujours à l'importance et au rang de cet élément pour le bien de tel individu ou de telle fonction qui est la sienne. L'eurythmie de l'existence est là très conciliable avec une *plus forte* accentuation de certains traits individuels, comme dans la beauté des lignes ». Note de M. B. Schwalm.

(3) L. OLLÉ-LAPRUNE, *Le Prix de la vie*, p. 208.

Il en est de même en ce qui concerne les groupements humains. Voici donc encore une notion nouvelle : la prospérité, dans un groupement, ne peut pas être parasitaire, c'est-à-dire obtenue aux dépens d'autrui. Pour être réelle et durable, elle doit être *harmonique,* c'est-à-dire qu'elle ne doit jamais empiéter sur les autres groupements, mais, au contraire, se montrer respectueuse de leur indépendance et de leur développement propre. N'oublions pas ce que nous avons dit, d'autre part, de l'adaptation nécessaire aux conditions et aux formes générales de vie que l'état de choses présent impose à tous les groupements sociaux actuellement existants.

Et maintenant, en résumant tout ce qui vient d'être exposé, nous sommes en mesure de compléter notre notion de la *prospérité,* et nous pouvons dire :

Un groupement est prospère quand il est constitué de façon à accomplir les fonctions qui lui sont propres :

1° *Intégralement,* c'est-à-dire *toutes* sans exception ;

2° *En de justes proportions* les unes à l'égard des autres ;

3° *Harmoniquement* avec les autres groupes voisins ;

4° En *s'adaptant* aux conditions générales de vie du monde social présent.

Quand il en sera ainsi, le groupement observé apparaîtra *le plus souvent* (1), suivant l'excellente formule de H. de Tourville, comme vivant dans le *bien-être* et

---

(1) C'est le *plerumque fit* des jurisconsultes romains, le *ut in pluribus* de saint Thomas d'Aquin. — Voir les réserves formulées plus haut.

l'*harmonie,* le bien-être et l'harmonie étant donnés ici
comme les signes extérieurs *les plus généraux* et *les
plus fréquents* de la prospérité sociale :

« *Bien-être*, contentement, satisfaction, mots synonymes, tous très philosophiques, indiquant bien, en
effet, que l'être possède alors ce qui convient à sa
nature.

« *Harmonie,* terme non moins explicatif qui fait
résulter la facilité des relations de ce que la satisfaction
de chacun concorde avec celle de tous les autres : chacun est à sa place (1). »

Et un peu plus loin : « l'ouvrier prospère est celui
chez qui se manifeste un état de *bien-être* et qui vit en
harmonie avec ceux auxquels il a affaire. Celui-là seul
décèle les conditions premières de *bon ordre social* et

---

(1) *Science sociale*, t. I, pp. 101-102. — A rapprocher cette belle
page de H. de Tourville sur le *bien-être* dans l'ordre *intellectuel :*
« Une fausse théorie se manifestera par un amoindrissement du
résultat des faits. Cet amoindrissement dans le résultat est accompa-
gné de souffrance chez les êtres conscients. En effet, une *fonction*
est une aptitude et une aspiration à un résultat. Ce résultat est un
besoin de l'être ; si ce besoin n'est pas entièrement satisfait, la fonction ne s'exerce pas dans sa plénitude, et, par conséquent, n'arrive
pas à son bien-être : elle souffre.
« Sur l'intelligence de l'homme, la vérité se manifeste par les résultats et le bien-être intellectuels, parce que l'intelligence fonctionne
bien et est satisfaite; l'erreur, par la décadence et la souffrance
intellectuelles, parce que l'intelligence fonctionne mal et n'est pas
satisfaite.
« L'amoindrissement du résultat se fait donc sentir dans la fonction
même ; à moins que la fonction ne continue à obtenir son résultat
aux dépens de fonctions connexes. Ce sont alors ces fonctions qui
souffriront et qui attesteront l'erreur de la théorie.
« La théorie ne se démontre donc exacte que par le bien-être de la
fonction, mais par un bien-être qui n'a pas été acquis aux dépens de
fonctions annexes : en deux mots, par le *bien-être* et l'*harmonie*.
« En résumé, toute dégénérescence d'une fonction, d'un individu ou
d'une espèce correspond à la soustraction d'un fait; le fait maintenu,
la dégénérescence ne se produit pas.
« Et comme corollaire, la loi d'une espèce ne peut se trouver que
dans son type prospère. » (*Philosophie fondamentale*, première
partie, méthode [inédit].)

met l'observation sur la voie du système *vital* des sociétés (1).

Cela dit, il sera facile de déterminer quand une *société* tout entière, prise dans son ensemble, pourra être dite prospère.

Ce sera quand, au sein de cette société, *tous* les groupements essentiels de la vie sociale, à partir de la famille, rempliront leurs fonctions dans les conditions que nous venons d'indiquer, chacun à sa place, à son rang, sans nuire aux autres, en parfaite harmonie avec eux et s'adaptant exactement à l'état social du monde présent. Une société prospère sera donc celle où les *familles*, les *ateliers*, les *associations professionnelles* et autres, les *communes*, les *provinces*, l'*État* rempliront respectivement les fonctions qui leur sont propres, conformément aux nécessités du temps présent, mais sans empiètement, sans usurpation, chacun restant chez soi et n'entamant en rien l'indépendance des groupements de même ordre ou d'ordre supérieur.

Ainsi, dans une société de ce genre, la *famille* fait d'abord tout ce qui lui incombe, et les membres des diverses familles se groupent comme il leur semble utile, pour pourvoir aux besoins multiples qu'il leur faut satisfaire, besoins d'ordre matériel, intellectuel et moral ; et aucune entrave n'est apportée à leur action, tant que, de leur côté, ils ne dépassent pas leurs attributions propres. De même la *commune*, la *province*,

_____

(1) *Science sociale*, t. I, p. 102.

l'*État* ne font que ce qu'ils doivent faire, c'est-à-dire qu'ils n'interviennent que pour les affaires dans lesquelles les familles et leurs groupements divers se sont montrés incapables ou impuissants. Chacun restant ainsi à sa place et à son rang, suivant l'ordre et la hiérarchie voulus par la nature même des choses, il n'y a point d'antagonisme possible ; le bien-être et la paix sociale sont assurés : c'est véritablement la *prospérité*.

La prospérité connue, il est aisé maintenant de comprendre ce que c'est la SUPÉRIORITÉ SOCIALE, expression qui revient si souvent dans notre science.

La société qui aura la supériorité sociale, sera celle dont les groupements essentiels fonctionneront le plus complètement suivant leur nature propre, avec le maximum d'intensité, d'énergie. de vie, de vitalité, et aussi avec la plus grande faculté d'adaptation aux conditions de la vie sociale présente.

Ici, nous retrouvons donc, mais en la complétant, la définition de la *supériorité sociale* que donnait un jour M. Demolins. « La supériorité sociale, disait M. Demolins au congrès de 1906, c'est la faculté d'adaptation aux changements qui surviennent dans le milieu (1). » Ce n'est pas que cela ; mais c'est bien cela avec quelque chose de plus.

Seulement, ici, une grave question se pose. Étant donnée l'imperfection de l'homme et par conséquent des groupements qu'il forme, il est rare, pour ne pas dire

(1) *Bulletin*, 1906, n° 25.

impossible, de rencontrer des sociétés complétement prospères, et par suite, lorsqu'on parle de *supériorité sociale* on ne peut avoir en vue qu'une supériorité relative, portant sur quelques points particuliers. Dès lors, on est appelé à se demander quel est, dans une société, le groupement dont la prospérité importe le plus ; quel est pratiquement et scientifiquement le *critérium* de la prospérité d'un peuple ; en d'autres termes, quel est le moyen commode et en même temps précis qu'on puisse toujours avoir à sa disposition pour distinguer un peuple prospère d'un peuple qui ne l'est pas, ou pour affirmer qu'un peuple a la supériorité sur un autre ?

La réponse est assez simple après ce qui a été dit jusqu'alors. Le groupement essentiel et fondamental d'une société, c'est la *famille :* cela est un point acquis en science sociale. La famille est la cellule sociale ; elle est, suivant l'expression de H. de Tourville, « l'officine où s'élaborent et d'où sortent tous les êtres humains » et c'est pourquoi elle « détermine par la base toute la forme de la société (1) ». Dès lors, c'est au *groupement familial,* avant tout autre, qu'il faut s'attacher. Dans telle société, la *famille* est-elle prospère ? Accomplit-elle intégralement et vitalement ses fonctions propres ? Produit-elle des enfants nombreux ? Ces enfants sont-ils élevés, formés comme il convient au temps et au lieu où ils sont appelés à vivre ? Dans ce cas, il n'y a pas à hésiter : on peut affirmer hardiment que cette *société* est prospère, parce qu'elle est prospère dans son orga-

______
(1) *Science sociale,* t. I, pp. 103-104.

nisme essentiel et fondamental. Et, de fait, l'observation contemporaine, comme l'observation rétrospective, montre suffisamment que toujours ce sont les sociétés où la *famille* est le plus solidement constituée qui sont les plus fortes, les plus résistantes, tandis que celles où la famille est désorganisée sont en réalité faibles, languissantes, sans vigueur, malgré les apparences contraires mais trompeuses que peut leur donner pour un temps l'éclat des arts et des lettres ou la victoire des armes.

Par suite encore, lorsqu'on voudra comparer plusieurs sociétés, leur assigner des rangs suivant leur valeur sociale respective, dire que l'une est *supérieure* aux autres, c'est toujours à la *famille* qu'il faudra s'attacher. Le peuple qui aura la supériorité sociale sera celui où la *famille* sera le mieux organisée, c'est-à-dire où la famille accomplira le mieux, le plus énergiquement, le plus vitalement ses fonctions principales : propagation de la race, éducation des enfants. Les autres groupements pourront être plus ou moins heureusement constitués, et, par exemple, les groupements de la vie publique, de la vie politique pourront y être médiocres. Peu importe ; ce n'est pas là l'essentiel. L'*essentiel*, dans une société, c'est la vie *privée*, la vie *familiale*, la *famille*. Quand cela est bon, tout le reste va, malgré les imperfections inévitables (1).

(1) A méditer ces quelques lignes de H. Spencer : « Comme, dans le développement successif de la société, la famille a précédé l'Etat; qu'on a élevé des enfants avant l'existence de l'Etat, et qu'on peut en élever après sa destruction, que celui-ci ne saurait se passer d'eux pour exister, il s'ensuit que les devoirs du père de famille ont une importance supérieure à ceux du citoyen. Puisque la valeur et la

Et c'est pour cela qu'en science sociale on n'hésite pas, quoi qu'il en puisse coûter à notre amour-propre national, à attribuer la supériorité sociale, actuellement du moins, aux peuples anglo-saxons, aux races dites *particularistes*. Ce n'est ni par mode, ni par snobisme, car voilà plus de cinquante ans que la science sociale, par la bouche de Le Play, de Henri de Tourville, de M. Demolins répète la même vérité, que les faits viennent chaque jour confirmer de la façon la plus saisissante. C'est que, se plaçant au point de vue que nous venons d'indiquer, la science sociale observe que nulle part la vie privée, la vie familiale n'est aussi bien organisée, en vue des résultats à obtenir actuellement, qu'en Angleterre et aux États-Unis (1). Certes il y a, là aussi, des défauts, des tares mêmes que l'on n'ignore pas (2). Mais, dans l'ensemble, il faut bien le reconnaître, c'est dans ce pays que la famille accomplit le

force d'une société sont basées en dernier ressort sur le caractère des citoyens qui la forment, et puisque l'éducation est le moyen le plus certain d'influer sur leur caractère, il en résulte naturellement que *la prospérité de la société est basée sur celle de la famille.* » (*De l'éducation*, trad. franç. [Alcan], p. 15.)

(1) En dehors des articles très nombreux sur l'organisation de la famille anglo-saxonne, publiés dans la *Science sociale* et qu'il sera toujours facile de retrouver, consulter notamment : 1° pour la Norvège : Ch. Rabot, *Aux fjords de Norvège*, chap. i ; Quillardet, *Suédois et Norvégiens chez eux*, passim ; M. Gandolphe, *La vie et l'art des Scandinaves*, passim ; 2° pour l'Angleterre : Max Leclerc, *L'éducation en Angleterre*, passim et surtout t. I, 1re partie; Boutmy, *Psychologie politique du peuple anglais*, 5° partie, chap. i; Dr G. Le Bon, *Psychologie de l'éducation*, passim et surtout liv. II, chap. i, § 4: Hammerton, *Français et Anglais*, t. I, Ire partie; 3° pour les États-Unis : P. de Rousiers, *La Vie américaine*, t. II, chap. i à iv; M. Dugard, *La Société américaine*, chap. x ; Lazare Weiler, *Les grandes idées d'un grand peuple*, passim ; P. Bourget, *Outre-Mer*, passim, surtout t. II, chap. viii ; Mme Bentzon, *Choses et gens d'Amérique*, chapitre intitulé : *La Vie de famille en Amérique* ; Roosevelt, *La Vie intense*, passim.

(2) Voir notamment P. de Rousiers, *La Vie américaine*, t. II, conclusion, p. 323.

mieux ses fonctions essentielles : les enfants y sont
nombreux et ils y sont élevés comme il convient au
milieu dans lequel ils sont appelés à se développer.
Dès lors tout le reste suit, et, malgré les imperfections
qui sautent aux yeux, par exemple, aux États-Unis,
dans l'ordre politique, la société jouit, prise dans son
ensemble, d'une vigueur, d'une énergie, d'une vitalité
sans pareille.

IX

Ce qui précède est-il suffisamment clair et simple ?
Il ne nous reste que quelques mots à ajouter sur ce
sujet qui en sera, s'il se peut, éclairci encore et sim—
plifié.

Au fond et en définitive, la notion de la prospérité
et de la supériorité sociales, que nous venons d'esquis-
ser est tout à fait conforme à celle qu'en donnent le bon
sens et l'opinion courante. Cette constatation a bien sa
valeur (1).

Et, en effet, quand on parle de prospérité sociale
dans nos sociétés civilisés, qu'entend-on communément
par là ? Qu'on le demande à un homme intelligent, ré-

______

(1) C'est le cas d'appliquer à l'investigation sociale ce que M. Ollé-
Laprune disait de la recherche philosophique : « Quand on a procédé
par principes et avec méthode, quand on a approfondi savamment
ce que l'on possédait par nature, alors rejoindre « le peuple » et
retrouver les mêmes idées simples, c'est le plus bel ouvrage de la
spéculation philosophique... Les vrais « habiles » savent revenir à ce
que tout le monde pense et dit. Ils le pensent et le disent en y
voyant plus que n'y voit le vulgaire. Ils le pensent et le disent avec
profondeur, dans une autre lumière, mais leur suprême effort, leur
triomphe, c'est de revenir enfin à cette simplicité et de s'accorder
avec le « peuple ». (*La philosophie et le temps présent*, pp. 372-373.)

fléchi, non à un pur cérébral, mais à un homme d'expérience, mêlé à la vie, en contact avec les réalités de chaque jour. Il répondra (1) : une société prospère, c'est une société où la natalité est abondante, où les individus sont énergiques, entrepenants, où le travail est intense, où par conséquent existe une grande activité économique, agricole, industrielle, commerciale ; c'est une société douée d'une grande puissance d'expansion, c'est-à-dire qui fournit des émigrants et des colons capables ; une société encore où les cultures intellectuelles sont développées, le niveau moral élevé, la criminalité et le paupérisme faibles ou en décroissance ; une société, enfin, où les individus et les familles sont libres, indépendants : libres de se grouper comme ils l'entendent en vue de leurs intérêts communs ; indépendants des pouvoirs publics pour tout ce qui, dans la vie sociale, ne dépasse pas les limites de leur bonne volonté ou de leur capacité.

Mais tout cela, n'est-ce pas précisément ce que nous avons dit plus haut ? La natalité abondante, c'est la *famille* accomplissant sa fonction de propagatrice de la race. Des individus énergiques, entreprenants, doués d'une grande puissance de travail et d'expansion, intelligents et moraux, c'est la famille encore dans son

(1) On voudra bien remarquer que cette réponse est, en somme, celle donnée par Le Play dans les divers passages cités plus haut. « La critique de la notion de prospérité établie par ce travail revient donc à justifier scientifiquement la description, d'apparence empirique et confuse, laissée par l'initiateur de la méthode sociale. On classe seulement, on hiérarchise à des plans bien distincts et bien coordonnés ce que le génie de Le Play apercevait d'intuition, par masses confuses, dans la mêlée de faits sociaux accumulés par lui au terme de ses monographies. Ainsi s'affirme la continuité de la science sociale en même temps que son progrès. » Note de M. B. SCHWALM.

rôle d'*éducatrice,* formant des hommes forts à tous égards en vue des nécessités de la vie. Des individus libres et indépendants, c'est la famille encore, la famille forte, capable, sachant garder son autonomie vis-à-vis des autres groupements, et particulièrement vis-à-vis de ceux de l'ordre politique.

Si maintenant, pour finir et aller au fond des choses, on nous demande comment d'un mot on pourrait condenser tout ce qui précède, nous répondrons qu'en réalité la notion de prospérité, selon la *Science sociale* et selon l'opinion commune, se ramène en définitive à la *fonction* essentielle de la famille, qui est l'ÉDUCATION (1).

Former des hommes et les former pour la vie qui les attend, voilà le point essentiel ; et l'on peut dire que la société qui y réussit est *prospère* et que celle qui y réussit *le mieux* a la *supériorité sociale.*

Former des hommes capables... mais il faut préciser : capables avant tout de résoudre le problème de la vie par excellence, dans l'ordre social, à savoir le problème du pain quotidien (2) et de le résoudre par le seul moyen qui soit efficace, par l'effort personnel,

(1) Cf. H. SPENCER, *De l'éducation,* p. 15. Voir quatre pages plus haut, en note.

(2) Le Play et ses continuateurs ont beaucoup insisté sur ce point qui est admis aujourd'hui par tout le monde. C'est un fait, que la préoccupation essentielle de chaque individu est de conserver et d'entretenir la vie chez lui et chez ceux dont il a le soin et la responsabilité. Le problème du pain quotidien ou, plus exactement, des *moyens d'existence* (aliments, vêtements, habitation, etc.) doit être résolu au jour le jour, à quelques exceptions près, par l'humanité tout entière. Cette vérité peut se voiler aux regards de ceux qui ont la fortune ou l'aisance : ce n'en est pas moins une grande loi naturelle. Le Play a d'ailleurs soin d'ajouter que, dans la conquête ou la jouissance des biens matériels, les sociétés humaines doivent toujours se soumettre à la *loi morale :* « Toute société dépérit également, soit que la subsistance y fasse défaut, soit que la loi morale y soit

le TRAVAIL (1), — capables de le résoudre pour eux-mêmes d'abord et par eux-mêmes, par suite capables de se suffire, — capables aussi d'*aider les autres* à résoudre le même problème, de prendre par conséquent la *direction du travail*, — capables de conduire leurs semblables, de les diriger, ce qui ne peut se faire que par l'initiative, l'esprit d'entreprise, le courage en face des responsabilités (2).

violée. » (*Constitution essentielle de l'humanité*, p. 25.) — Et il cite à ce sujet ces deux paroles mémorables : « L'homme ne vit pas seulement de pain, mais de toute parole qui sort de la bouche de Dieu » (MATTH., VI, 4) et : « Tu ne feras rien de bon dans les choses humaines si tu oublies les rapports qu'elles ont avec Dieu » (MARC AURÈLE, *Pensées*, chap. XIX, 28). *Méthode d'observation*, p. 81.

(1) On sait trop l'importance que la *Science sociale* attache au *travail* pour être étonné de le retrouver ici, au fond même de cette question de la prospérité sociale. La loi du travail est une loi naturelle qui s'impose à tout homme venant en ce monde, qui a été mise en relief dès la plus haute antiquité et n'a cessé d'être rappelée d'âge en âge : « Tu gagneras ton pain à la sueur de ton front » (*Gen.*, II, 15-16 ; III, 19). « L'homme est né pour travailler comme l'oiseau pour voler » (JOB, V, 7). « Si quelqu'un ne veut pas travailler, qu'il ne mange pas non plus, *Si quis non vult operari nec manducet* » (II *Thes.*, III 10). Le Christ a donné lui-même l'exemple du travail en prenant un métier, celui de « charpentier » (MARC, VI, 3). A noter aussi ces encouragements à l'énergie virile : « Ne hais pas les labeurs pénibles, ni le travail des champs » (ECCLI., XI, 16). « *Confortare et esto vir*, Montre-toi fort et sois un homme » (III *Reg.*, II, 2), « *Viriliter age et confortare et fac : ne timeas et ne paveas* ; Sois viril et fort ! A l'œuvre ! ne crains point et ne t'effraie point ! » (I *Paralip.*, XXVIII, 20). « Ayez aux reins la ceinture (signe d'activité) et dans vos mains la lampe allumée (signe de vigilance), *Sint lumbi vestri præcincti et lucernæ ardentes in manibus vestris* (LUC, XII, 35). Il ne faut pas fuir les responsabilités : tout homme doit faire valoir les dons naturels qu'il a reçus en naissant ; voir la parabole où est blâmé et sévèrement puni le serviteur qui, sans rien risquer, a enfoui le talent que lui avait confié son maître (MATTH., XXV, 14-30). A remarquer encore le point de contact si souvent signalé entre le travail et la moralité, l'oisiveté et le vice : « *Multam malitiam docuit otiositas*, l'oisiveté enseigne beaucoup de mal » (ECCLI., XXXIII, 29). « *Auferetur factio lascivientium*, La race des hommes de plaisir sera supprimée [éliminée »] (AMOS, VI, 7).

(2) Dans une lettre datée de Calmont (25 juillet 1900), H. DE TOURVILLE a donné de la supériorité sociale la définition suivante : « LA SUPÉRIORITÉ SOCIALE CONSISTE DANS L'APTITUDE A PROCURER LE PLUS HAUT DÉVELOPPEMENT DE LA PERSONNE, POUR LE PLUS HAUT BÉNÉFICE DE LA COLLECTIVITÉ. » Voir *H. de Tourville et son œuvre sociale*, p. 77. — De son côté, M. Paul BUREAU, dans un court passage de son livre *La crise morale des temps présents*, a parfaitement marqué cette nécessité du « développement de la personne » comme

C'est pourquoi, tout d'abord, la *Science sociale* considère la question de l'*éducation*, de la *formation de l'homme* comme la question sociale essentielle dont la solution s'impose dans tous les groupements quels qu'ils soient : « Ce qui est partout en cause, dit H. de Tourville, ce qui fait la difficulté, depuis la plus petite exploitation agricole jusqu'aux plus grandes entreprises de l'industrie et du commerce, jusqu'aux groupements qui régissent les intérêts politiques ou religieux, c'est ce qu'on appelle... la question du personnel... Ce qui manque, ce n'est ni la science, ni l'outillage pour l'action matérielle, intellectuelle ou morale : ces deux instruments sont en progrès incessants ; ce qui manque, c'est *l'homme, l'homme qu'il faut* avec cette science et avec cet outillage... C'est la question de l'homme qui vient à son tour, après celle du développement des autres puissances naturelles. Une grande œuvre a surgi, mais elle fonctionne mal, et après s'en être pris à toutes les forces de la nature, après y avoir fait appel, on s'aperçoit que ce qui fait défaut, c'est l'homme (1). »

C'est pourquoi, encore, la science sociale a toujours

condition de la prospérité et de la supériorité sociales : « Une nation est saine, forte et prospère lorsque *les membres qui la composent* ont un corps robuste et vigoureux, une intelligence éclairée, formée à raisonner avec méthode et précision, une volonté vaillante, capable à la fois d'initiative hardie et de persévérance tenace ; lorsque les divers compartiments de l'activité sociale, l'agriculture et le commerce, l'industrie et la politique, le service de la religion et celui des cultures intellectuelles, recrutent sans difficulté *un personnel* bien formé et apte à répondre adéquatement aux exigences de la profession et du milieu » (pp. 117-118).

(1) Préface au livre de M. P. DE ROUSIERS, *La question ouvrière en Angleterre*, pp. XVI et XVII.

le regard tourné vers les sociétés anglo-saxonnes qui apparaissent, du moins dans l'état actuel du monde, comme les seules qui sachent véritablement *former des hommes*, grâce à l'organisation *particulariste* de la famille qui prévaut chez elles et qui développe chez les individus des ressources d'énergie si abondantes, une aptitude à l'initiative si vivace que, partout et dans n'importe quel groupement, ces individus se trouvent en mesure, mieux que tous autres, d'accomplir leurs fonctions, de s'adapter aux circonstances et d'en tirer parti (1).

« L'Angleterre, dit encore H. de Tourville, a conçu l'éducation de l'homme comme une chose simple : c'est le génie qu'elle a su garder, c'est la vertu à laquelle elle n'a pas manqué. *Cultiver l'homme* comme *l'élément premier de toute prospérité*, c'est ce qui la caractérise ; vainement on cherche à la définir par une autre note. L'Angleterre est avant tout et par dessus tout *une grande école d'hommes* (2). »

Et ce qui est vrai de l'Angleterre l'est plus encore, peut-être, des États-Unis (3).

(1) La formation particulariste est susceptible de donner *tous les genres* de supériorité, même dans les arts, la littérature, la morale et la religion. (Voir notamment *Science sociale*, t. XVII, pp. 475-484.) En fait il n'en est pas encore ainsi, mais elle donne déjà la supériorité dans le travail, qui pourrait bien être le commencement de toutes les autres. Cf. *Science sociale*, t. XXI, p. 107.

(2) Préface au livre déjà cité de M. P. DE ROUSIERS, p. XIX. Cf. H. DE TOURVILLE, « Simplicité et fécondité de l'éducation anglo-saxonne » (*Mouvement social*, déc. 1893, t. II, p. 155). On connaît cette pensée de Montesquieu : « Si l'on me demande quels préjugés ont les Anglais, en vérité, je ne saurais dire lequel : ni la guerre, ni la naissance, ni les dignités..., *ils veulent que les hommes soient hommes*. » (*Pensées diverses* [édit., Lahure, t. II, p. 462].)

(3) Voir P. DE ROUSIERS, *La Vie américaine*, t. II, Conclusion.

On conçoit dès lors que des hommes ainsi formés l'emportent partout sur ceux qui n'ont pas reçu cette même éducation. Partout, en effet, ils ont au moins — ce qui est fondamental et le point de départ du reste — la supériorité dans le travail ; et cette supériorité se manifeste notamment par une double aptitude qui manque à leurs concurrents :

1° Aptitude à *mettre un territoire en valeur au plus haut degré par un travail personnel suivi et intense* (1).

2° Aptitude à *ouvrir* ensuite *largement ce territoire à tous les peuples et à l'adapter à tous les progrès.*

C'est par cette double capacité qu'ils méritent le titre de « *pionniers de la civilisation* » (2).

Sans doute, on trouve, en dehors de la formation particulariste, des peuples *prospères*. Si l'on se reporte aux explications et aux définitions que nous avons données plus haut, on comprendra aisément qu'il puisse y avoir des peuples communautaires qui jouissent d'une réelle prospérité : c'est le cas notamment de ces pasteurs nomades du plateau central asiatique que la science sociale a si souvent décrits. Mais c'est une prospérité temporaire, qui ne peut durer qu'autant que la population qui en profite reste isolée, repliée sur

---

(1) H. de Tourville a donné de la *famille particulariste* la définition suivante : « Celle dont *régulièrement* (normalement) *tous* les enfants *sont aptes, tout au moins*, à se créer un domaine de culture, en simple ménage, dans un pays neuf. » (Voir notre brochure déjà citée, p. 77.)

(2) M. Demolins, *Science sociale*, t. XXIX, p. 86. « Le monde anglo-saxon, dit, de son côté, M. B. Schwalm, se caractérise essentiellement par l'affluence des hommes capables vers la *direction du travail* et les affaires qui en résultent, soit dans la métropole, soit aux colonies, soit n'importe où. » (*Science sociale*, t. XVII, p. 466 bas.)

elle-même, sans contact avec aucun autre peuple doué d'une formation plus énergique.

Or, la caractéristique de l'âge moderne est précisément — par la multiplicité des moyens de communication, l'extension et la complication croissante des intérêts communs — le mélange, la fusion, ou tout au moins un contact de plus en plus fréquent, de plus en plus intime de toutes les races qui couvrent la surface de la terre (1). Dans cette vaste mêlée de peuples, qui a pour but la conquête pacifique du globe, il est manifeste que le premier rang ne saurait appartenir qu'à ceux qui ont reçu la formation la plus vigoureuse et la plus résistante, et par cette formation, ont été habitués plus que les autres au « travail personnel, intense et persévérant »(2).

La prospérité durable ne sera donc acquise qu'à ceux qui tendront, par un continuel effort, à se hausser au niveau des peuples les plus laborieux et les plus entreprenants (3).

(1) Voir G. Le Bon, *Psychologie du socialisme*, livre IV, chap. I : « Evolution industrielle et économique de l'âge actuel, » 5ᵉ édit., pp. 225 et suiv. Cf. M. B. Schwalm, *Science sociale*, t. XVII, pp. 465 bas et suiv. : « Un âge nouveau qui commence. »

(2) Voir notamment M. Demolins : « Boers et Anglais » *(Science sociale*, t. XXVIII, pp. 319 et suiv., t. XXIX, pp. 73 et suiv.).

(3) « Partout ce sont d'intenses courants, courants d'idées, courants de science, courants de richesses : mise en valeur du sol, des forces de la nature et des forces de l'homme. Les âges classiques qui furent grands, mais d'une autre grandeur, n'ont connu rien de pareil. On peut regretter que les temps soient changés, regretter aussi les vies doucement coulées au charme des belles choses. Ces vies-là, bien peu les connaîtront maintenant. Il faut agir, sous peine de dépérir ; il faut affronter les courants, sous peine de rester au rivage comme une épave. » (L. Liard, *Le nouveau plan d'études de l'enseignement secondaire* [Paris, 1903], p. 19). — Cf. la conclusion générale du beau livre de M. Léon Poinsard, *La production, le travail et le problème social dans tous les pays au début du vingtième siècle* (Paris, 1907, 2 vol.), t II, pp. 709 et suiv.

Dans ces conditions, la France, si elle le veut bien, peut atteindre les sommets. Le rang que la *Classification sociale* lui assigne lui permet toutes les ambitions : quoique fortement empreinte d'esprit communautaire, elle est cependant, à beaucoup d'égards, particulariste, et c'est finalement parmi les sociétés de ce dernier type qu'elle doit être placée (1). Elle n'a donc, pour réussir, qu'à développer intensément les éléments particularistes de sa formation sociale. Elle le peut, si elle le veut : « Ce qui doit nous donner confiance, écrit M. Demolins. c'est que la France paraît bien être la nation qui se rapproche le plus du type anglo-saxon ; elle s'en rapproche bien plus que l'Espagnol et l'Italien, et probablement plus même que l'Allemand (2). » « Nous pouvons donc, avec vraisemblance, augurer pour notre pays un heureux résultat de la conquête nouvelle du globe. Tandis que les races par trop communautaires ne sauront que se laisser réduire à une situation inférieure , nous pourrons, nous, relever lentement *par le travail* notre initiative individuelle ; nous pourrons, si nous ne faillissons pas à la tâche, prendre rang parmi les nouveaux maîtres du monde (3). »

---

(1) Voir M. Demolins, « Classification sociale » *(Science sociale* fasc. 10 et 11 de la 2ᵉ série, pp. 11 et 124-131).

(2) M. Demolins, *A quoi tient la supériorité des Anglo-Saxons,* (appendice, p. 426).

(3) M. B. Schwalm, *Science sociale.* t. XVII, p. 172.

TABLE DES MATIÈRES

1199-13. — Imprimerie des Orphelins-Apprentis, F. BLÉTIT, 40, rue La Fontaine, Paris.

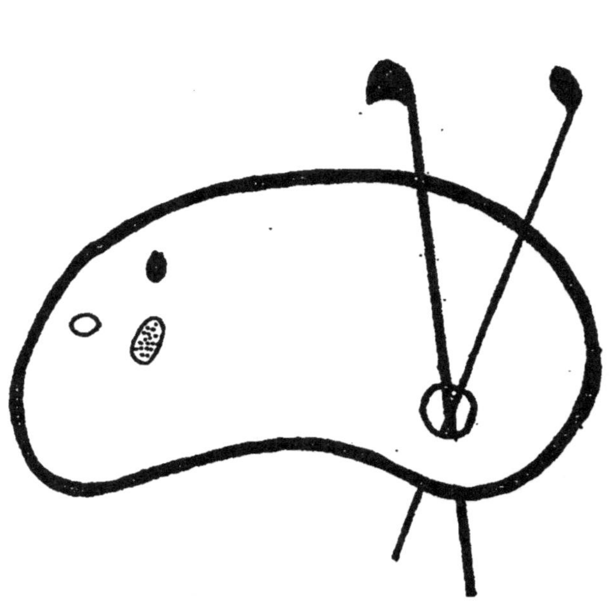

ORIGINAL EN COULEUR
NF Z 43-120-8

BIBLIOTHEQUE

NATIONALE

CHATEAU
de
SABLE

1992